Kulinarische Streifzüge durch Schwaben

Frank Gerhard

Kulinarische Streifzüge durch Schwaben

sigloch edition

Satz und Druck: W. Kohlhammer, Stuttgart
Reproduktion: Otterbach Repro, Rastatt
Papier: 135 g/qm BVS der Papierfabrik Scheufelen, Lenningen
Einbandgestaltung: Peter Mueck
Bindearbeiten: Buchbinderei Sigloch, Künzelsau
Auslieferung an den deutschen Buchhandel: Stürtz Verlag, Würzburg
ISBN 3 8003 0131 8

Es gibt nicht viele Rezepte, die sich exakt einer Landschaft oder einem Volksstamm zuordnen lassen. Meistens sind die Grenzen mehr oder weniger fließend. Oft kennt man ein und dasselbe Gericht in anderen Ländern unter anderem Namen.

Schon aus diesem Grund wollten wir nicht den Versuch machen, nur ein Kochbuch mit typisch schwäbischen Gerichten zusammenzustellen, zumal dies auch nicht unbedingt neu gewesen wäre.

Also haben wir der schwäbischen Hausfrau in die Küche geschaut, in alten Rezeptbüchern und überlieferten Notizen geforscht, aber auch einen Blick in Topf und Pfanne renommierter Gastronomen im Ländle geworfen.

Wir haben einfache schwäbische Gerichte gefunden, die sich wieder steigender Beliebtheit erfreuen. Wir haben auch raffinierte Kompositionen entdeckt, die Können und Erfahrung erfordern. Hinzu fügten wir Wissenswertes zur Geschichte des Landes, Tips, Anekdoten und Histörchen.

Kurzum, dieses Buch ist das Ergebnis eines kulinarischen Streifzuges durch Schwaben, und so möge es – nicht zuletzt durch seine herrlichen Bilder – jedem etwas bringen, dem Leser im Ländle wie auch dem auswärtigen Gast.

Autor und Verlag

Ein kulinarisches Paradies

„Laßt uns nach Schwaben entfliehen! Hilf Himmel! Es findet sich süße Speise da und alles Guten in Fülle… Und man bäckt im Lande das Brot mit Butter und Eiern. Rein und klar ist das Wasser, die Luft ist heiter und lieblich." So enthusiastisch rühmt Johann Wolfgang von Goethe die schwäbische Küche im sechsten Gesang seines Reineke Fuchs. Ob der Fuchs Reineke dies allerdings ganz ehrlich meint, muß doch leise bezweifelt werden, denn es geht ihm bei diesem Lobgesang vor allem darum, seine Frau Ermelyn zu überreden, vor dem König zu fliehen, und wohl deshalb malt er hier das Schwabenland als ein Paradies aus. An anderer Stelle jedoch war Goethe von Schwaben, seiner Landschaft und seiner Küche durchaus angetan. So lernte er bei seinen Reisen Spätzle und Knöpfle kennen und vor allem den Württemberger Wein schätzen.

Aus früher Zeit gibt es allerdings nicht sehr viele Zeugnisse, die uns sagen, was im Ländle auf den Tisch des Hauses kam. Möglicherweise rührt das auch daher, daß die schwäbischen Grafen und Herzöge schon immer etwas bescheidener waren als ihre nördlichen Nachbarn und weit weniger aufwendige und prunkvolle Feste gaben und somit auch den Chronisten jener Zeit nicht allzu viel Stoff zu diesem Thema lieferten. Wir sind also in vielen Fällen auf Vermutungen angewiesen und müssen bei Geschichtsschreibern und Dichtern zwischen den Zeilen lesen oder – wie der Schwabe sagt – „dau und dött d'Näs neistecke".

Schon vor ihrer Einwanderung in das heutige Gebiet im fünften Jahrhundert sollen die Schwaben gute Viehzüchter gewesen sein. Dies geht aus einer Verordnung des Königs der Ostgoten Theoderich hervor, der seine Untertanen aufforderte, ihre kleinen Ochsen gegen die größeren der Alemannen einzutauschen. Alemannen, so nannte man die Vorfahren der Schwaben, denn der Name Schwabe bürgerte sich erst im neunten Jahrhundert ein. Damals wurden auch bereits Schweine gezüchtet und Ackerbau betrieben. Doch ließ die Beschaffenheit des Landes, überwiegend Eichen- und Buchenwälder, nur den Anbau von Hafer und Feesen (Dinkel) zu. Diese beiden Getreidearten sind die Wurzel für die an Mehlspeisen nicht gerade arme schwäbische Küche, zusammen mit einem gewissen Einfluß aus der österreichischen Küche, denn eine Zeitlang gehörten große Teile Schwabens zu Österreich.

Unsere Vorfahren lebten hauptsächlich von Mehl, Eiern und Milch, daneben gab es bereits Gemüse und – nicht in dem Ausmaß wie heute, aber immerhin – Fleisch vom Schwein, Rind, Schaf und Geflügel. Wildbret und Fisch waren eine willkommene Ergänzung des an sich mageren Speiseplans.

In der Zeit der Staufer (1079 – 1268) nahm dann die Bedeutung des Ackerbaus weiter zu, große Flächen wurden gerodet und nutzbar gemacht, denn die Bevölkerung war gewaltig gewachsen. Damals wurde der Grundstock gelegt, der zur späteren Feststellung von Johann Wolfgang von Goethe bei einer seiner Reisen führte: „Man ist als Fremder erstaunt über die ungeheuere Fruchtbarkeit dieses Landes, auf der ganzen Tour von Heilbronn bis Stuttgart ist kein fußbreit Landes ungenützt und auch die Hauptstadt liegt in einem Kranz von Bergen, die alle bebaut sind, mitten in Gärten und Weinbergen."

Getrunken wurde auch damals schon viel im Schwabenland, doch nicht der Wein – wie heute –, sondern das bereits den Römern bekannte Bier war das Hauptgetränk. Für unseren verwöhnten Gaumen wäre das freilich nichts gewesen, denn das Bier war damals nicht aus Gerste, sondern aus Hafer gebraut. Wie so oft, wenn es um gutes Essen und Trinken ging, ließen sich auch hier die Mönche etwas einfallen. Bald versetzten sie das Bier mit Hopfen und taten so manches, um dem goldgelben Gerstensaft seine süffige Würze zu geben. Im Kloster von St. Gallen können wir noch heute deutlich zwischen der Brauerei und dem dazugehörigen Kühlhaus unterscheiden. Den Sie-

3
1295

geszug des Weines konnte aber auch alle Braukunst der Mönche nicht mehr aufhalten, obwohl der köstliche Saft aus den Reben zunächst ausgesprochen sauer gewesen sein soll. Darüber gibt es zahlreiche Spottverse und Anekdoten, so zum Beispiel als Prinz Eugen nach seinen Türkensiegen nach Reutlingen kam und er vom Rat der Stadt einen feierlichen Empfang bereitet bekam. Der Bürgermeister kredenzte ihm als Willkommenstrunk ein eigenes Gewächs, wobei aber der Prinz nach dem ersten Schluck das Gesicht verzog und rief: „Lieber noch einmal Belgrad einnehmen als noch einen Schluck Reutlinger trinken." In Tübingen ging die Geschichte um, daß ein Student nach ausgedehnter Weinzecherei an einen vor dem Wirtshaus stehenden Omnibus hinbrunste (pinkelte), der dann in Sekundenschnelle zu einem kleinen Fiatle zusammenschrumpfte. Auch müssen die schwäbischen Hausfrauen ihren Ehemännern die Socken nicht mehr stopfen, da der saure Wein die Löcher von alleine zusammenzieht.

Die Wohlhabenden tranken daher – heute würde man sagen – „importierten" Wein aus den südlicheren Regionen. Im Laufe der Jahrhunderte jedoch haben sich Anbaumethoden und Kellerwirtschaft bedeutend weiterentwikkelt, denn der Württemberger Wein gilt heute unter Kennern als ausgesprochen erden und süffig, und seine besten Lagen bringen Tropfen hervor, die zu den edelsten in ganz Deutschland gehören. Es ist allerdings gar nicht so einfach für einen Nichtschwaben, den Württemberger Wein zu beziehen, denn den Schwaben sagt man nach, daß sie ihren Wein am liebsten selber trinken.

Obwohl der Zwang zur Rationalisierung auch am württembergischen Weinbau nicht vorbeiging und vielerorts große, mit modernsten technischen Mitteln ausgestattete Zentralkellereien erstellt wurden, gibt es doch noch, meist kleinere, Kellereien, die den Wein in altbewährter Weise in Holzfässern reifen lassen. Diese oft jahrhundertealten Keller strahlen nicht nur eine unnachahmliche Atmosphäre aus, sondern sind bei Kennern wegen ihrer holzfaßgereiften Weine sehr gesucht.

Vierteles-Schlotzer

Vierteleschlotzer nennt man jene schwäbischen Weinkenner, die sich des Abends gemütlich zusammenfinden und den Wein nicht trinken oder gar saufen, sondern ihn »schlotzen«, so wie sich das für ein so edles Getränk wie den schwäbischen Wein gehört. Hier wird diskutiert und philosophiert, und man läßt den lieben Gott »an guate Ma sei«.

Der den Schwaben allerdings gelegentlich nachgesagte übermäßige Weingenuß bis hin zur ausgesprochenen Sauferei dürfte übertrieben sein, wenngleich es bereits um das Jahr 1200 Verordnungen gegen das bacchantische Essen und Trinken bei der Kirchweih gab. Ganz und gar nicht gut meinte es auch der Verfasser jener „Culturbilder aus Württemberg", der sogar den württembergischen Mädchen übertriebenen Weingenuß unterschieben will: „Im Herbst und Winter thut das württembergische Mädchen kaum etwas anderes, als daß es mit seinem Burschen die ganze Zeit hindurch in einer belebten Kneipe zubringt und neben ihm Wein oder Bier trinkt. Der Schreiber dieser Zeilen hat einmal in einer Dorfkneipe ein junges Liebespaar beobachtet, welches Hand in Hand sitzend, in ziemlich kurzer Zeit nachmittags à sieben Schoppen (halbe Liter) Bier trank und à zwei Rothe Würste aß, welche die Geliebte zahlte, worauf Beide bei beginnender Dämmerung sehr geröthet den Heimweg antraten."

Seit 777 ist der schwäbische Weinbau nachweisbar, und man nimmt an, daß er von Mönchen ins Neckartal gebracht wurde. Seither ist er so tief in der schwäbischen Seele verwurzelt, daß sogar ein Weihnachtslied ihn besingt:

Christkindele, Christkindele,
komm doch zu uns herein.
Wir haben ein Heubündele
und auch ein Gläsle Wein.
Das Bündele fürs Esele,
fürs Kindele das Gläsele,
und beten können wir auch.

Im romantischen Ländle gibt es Weine, in denen sich wahrlich nur die Englein baden dürften und die nur hier gekeltert werden, so zum Beispiel der Schillerwein, eine heute wieder sehr beliebte Spezialität, die aus Rot- und Weißweintrauben gekeltert wird und ihren Namen nicht vom großen Dichter des Landes Friedrich Schiller hat, sondern von seiner sanften, im Glase schillernden Farbe. Der Schillerwein darf übrigens nicht mit dem „Weißherbst" verwechselt werden. Hierbei handelt es sich um einen Wein aus Rotweintrauben, der nur kurz gekeltert wird und somit nicht die volle intensive Farbe aus der Schale der Trauben annimmt.

Das württembergische Weinbaugebiet reicht heute vom Bodensee bis zum Taubergrund. Hölderlin sagte einmal: „Seliges Land – kein Hügel in dir wächst ohne den Weinstock."

Daß mit der Blüte von Macht und Kultur zur Zeit der Staufer auch das Essen kultivierter und raffinierter wurde, lehrt uns einer der großen Söhne der Schwaben, Albertus Magnus (1193–1280). In seinem Werk „De Vegetabilibus – von den Pflanzen" berichtet er nicht nur von den vielen Gemüsearten, die bereits in dieser Zeit bekannt waren, so von Gurken, Kohl, Rettich, Sellerie, Petersilie und Spinat, sondern auch von den Würzkräutern Salbei, Borretsch, Majoran, Lavendel, Schnittlauch und Knoblauch.

Doch trotz dieser stattlichen Liste wohlschmeckender Gemüse und Kräuter – die mittelalterliche Küche wäre für uns keine Gaumenfreude gewesen. Die Speisen waren sehr stark gewürzt und gesüßt, sofern man es sich leisten konnte, denn Gewürze waren damals sehr teuer.

Erst im 19. Jahrhundert, bei einem Umzug, wurde in der Universitätsbibliothek Basel eine Handschrift gefunden, die auf das Jahr 1416 datiert ist und von einem Maister Hannsen, des von Wirtenberg Koch, verfaßt wurde. Möglicherweise ist die Urfassung der Handschrift wesentlich älter, denn die Basler Fassung enthält zahlreiche Fehler, die möglicherweise auf eine schlechte Abschrift zurückgehen. Neben allerlei Rezepten und Hinweisen auf die Wirkung verschiedener Speisen und Getränke auf Kranke finden wir in dieser Handschrift den nebenstehend abgebildeten Vers, aus dem dann der heute noch allgemein bekannte Kindervers wurde:
Wer ein gut Mus will haben, das mach von sieberlei Sachen:
Du mußt haben Milch, Salz und Schmalz,
Zucker, Eier und Mehl, Safran dazu, so wird es gehl.

Wer ein gůt můs wil haben
das mach von sibenlei sachen
du můst haben milich, saltz,
vnd schmaltz, zugker, ayer,
vnd mel saffran dar zue So
wirt es gelb. Ain mandel můß machen.
Item wildu machen ein mandel můß,
So nym ein pfunt mandels, vnd nym
auch amůdu, vnd ob du des nicht
hast, So nym semlein prot dar zue
vnd das thue in ain wasser, vnd
wall das daraus, vnd das schlach
mit der milich durch ain tůch. So
wirt es klain, wiltu es süß haben
So thue zugker daran, das haist
ain mandel můß. Ain mandel suppen.
Item ain mandel suppen, wiltu die
machen die geet von mandel milich
zue, Nym ain semlein prot das pac

Herre'esse - Baure'fresse

Noch heute kennt das Schwäbische den Unterschied zwischen „Herre'esse" und „Baure'fresse". Dies mag die Speisekarte und -folge eines Herrenessens verdeutlichen, das zu des Herzogs Geburtstag am 11. Februar 1774 im Stuttgarter Rathaussaal gegeben wurde: Suppe – Boeuf à la mode – Gefülltes Kraut mit Krebsgrüßen – Sauerkraut mit geräuchertem Schweinefleisch und andrem Zubehör – Pastete mit Schwarzwildbret – Schnecken mit Sardellen – Aal, hierzu 15 Stück Zitronen – Forellen in Sardellensauce – Gemästete welsche Hahnen – 1 Spansau – Bricken und Häringssalat – Lattich- und Selleriesalat – Kräutersalat – Schnecken – Geräucherte Zungen und Kopfwürste – Preßkopf und gesulzte Kapaunen – Gesalztes Wildbrett – Zum Nachtisch: Zitronentorte – Geschnittene Mandeltorte – 1 Pyramide – Zimmetbögen – Mandelsterne – Gußtörtlein – Zimmetbrödlen – Zimmetsterne – Zuckerbretzel – Käs – Butter und Äpfel – Dazu wurden 4 Imi 3 Maß Wein (rund 80 Liter) getrunken.

Dagegen nehmen sich die Tafelfreuden des gemeinen Volkes recht einfach aus: Bei vielen Bauern gehörte das Fleisch zu den Ausnahmen, und die Mahlzeiten bestanden meist aus Brot und Schmalz, wenig Obst, Gemüse, vor allem Kraut, Mehl und Käse, einer deftigen Suppe.

Doch bei Hochzeiten ließen die Brautleute meist so reichlich auftragen, daß sich die Tische schier bogen. Der schwäbische Mundartdichter Sebastian Sailer (1717 – 1777), seines Zeichens Gemeindepfarrer in dem oberschwäbischen Flecken Dieterskirch, schildert uns ein ländliches Hochzeitsmahl wie folgt:

Subba, Kraut ond Kuttelfleack (Kaldaunen),
schöne grauße Stücker Speack,
Zwetschga, brotne (gebratene) Gä's
ond Dauba,
Schnitta, Schtraube (eine Art Spritzkuchen),
Bauraküechle, Oyerbraud (Eierbrot), ...
Rüeba, Rendfloisch, Sulz ond Reis,
geale (gelbe, ungeräucherte) Brotwürscht,
süeßa Schbeis,
duad ma läschtle (lästerlich) viel auftrage ...

Da sich die Gastgeber nicht lumpen lassen wollten und vielfach derart verausgabten, daß die Familie an den Bettelstab kam, gab es in vielen deutschen Städten und größeren Gemeinden bis ins einzelne gehende Hochzeitordnungen. Der Rat der schwäbischen Stadt Lauingen an der Donau erließ erstmals 1594 und dann wieder 1612 eine solche Hochzeitordnung. Darin war alles festgelegt: von der Anzahl der zu ladenden Gäste (außer der nächsten Familie und Kindern „von alten Leuten mehr nicht denn 15 Paar, und von jungen Ledigen 12 Personen, da anderst der Verlobten Vermögen 300 Gulden oder darüber, wo es aber darunter, nur 8 Paar alte und 8 junge Personen") über die Zeit der Bewirtung (zwischen 11 und 3 Uhr mittags), die Kosten für Essen und Trinken (pro Person 20 Kreuzer) bis hin zur Höhe der Hochzeitsgeschenke (ein „Paar Ehevolk" höchstens 3 Gulden, ein Mann allein 2 Gulden, eine Frau oder ein junger Geselle und eine Jungfrau je 1 Gulden). Statt einer solchen „Weinhochzeit" konnten die Brautleute auch zu einer „Bierhochzeit" laden, bei der jeder Gast für seinen Verzehr selbst zahlte (ein Mann oder junger Gesell 24 Kreuzer, ein Weib oder Jungfrau 18 Kreuzer). Dafür war die „Hochzeitschankung" niedriger angesetzt (ein Paar Ehevolk 16 Kreuzer, ein Mann oder junger Gesell 10 Kreuzer, ein Weib oder Jungfrau 8 Kreuzer). Übrigens war es im einen oder anderen schwäbischen Dorf noch bis in die jüngste Vergangenheit Brauch, daß sich die nicht zum engen Familien- und Freundeskreis zählenden Gäste, die auch nicht beson-

Speisekarte um das Jahr 1860 aus dem Café Seeger in Tübingen, auch »Seegerei« oder Ratsherrenstube genannt, auf der für die damalige Zeit reichlich Fleischgerichte angeboten wurden. Wer hier speiste, konnte es sich also offensichtlich leisten.

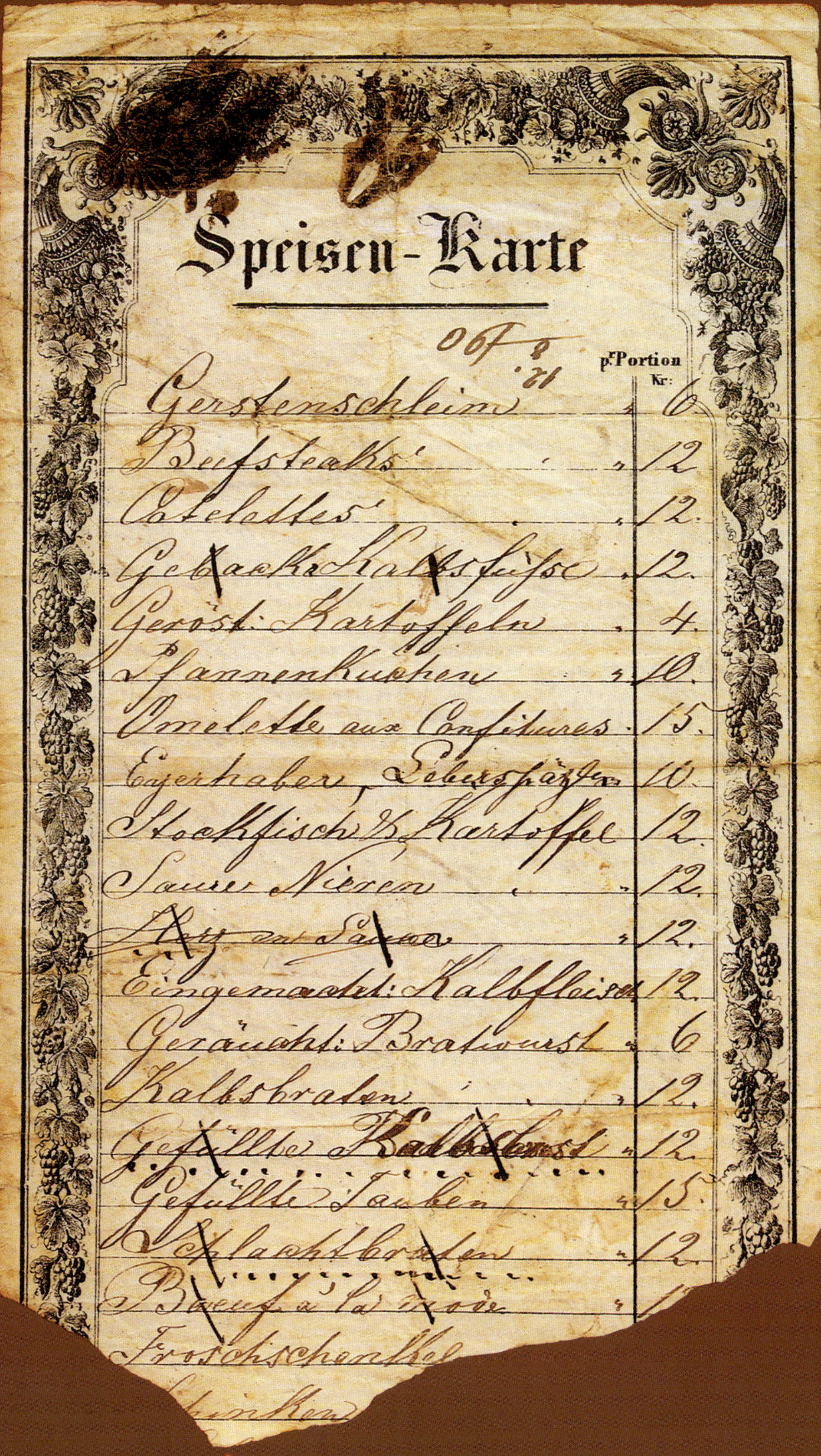

Speisen-Karte

Oct 8 '31

	p.r Portion Kr.
Gerstenschleim	6
Beefsteaks	12
Cotelettes	12
Gebackene Kalbsfüße	12
Geröst. Kartoffeln	4
Pfannenkuchen	10
Omelette aux Confitures	15
Eyerhaber, Leberspätzle	10
Stockfisch & Kartoffel	12
Saure Nieren	12
[illegible] au Sauce	12
Eingemacht. Kalbfleisch	12
Geräucht. Bratwurst	6
Kalbsbraten	12
Gefüllter Kalbsbrust	12
Gefüllte Tauben	15
Schlachtbraten	12
Boeuf à la mode	1[illegible]
Froschschenkel	
Schinken	

ders eingeladen wurden, an den Kosten des Hochzeitsmahles beteiligten. Am Eingang zum Wirtshaussaal sammelte ein Angehöriger des Brautpaares von jedem Eintretenden ein Scherflein ein. Daß die Hochzeitsgäste nicht nur beim Essen und Trinken fest zulangten, sondern auch noch einschoben, was sie nur erreichen konnten, um es nach Hause zu schleppen, „wenn auch die Brühe im Sacke sich herausarbeitete“ – besonders die Tuttlinger haben scheint's recht unverschämt mitgehen lassen –, verbot man in Ulm, Augsburg und andernorts durch strenge Verordnungen. Die Lauinger Hochzeitordnung von 1612 ahndete diese Unsitte mit 15 Kreuzer Strafe. Einen kleinen Blick in die Kochkunst des sechzehnten Jahrhunderts gewährt uns die schwarze Kunst, die in dieser Zeit entstand. Meister Gutenberg druckte um 1455 die erste Bibel, schon 1485 folgte ein Kochbuch von Peter Wagner zu Nürnberg, nach einer schwäbischen Handschrift herausgegeben. Das war natürlich nur etwas für die feinen Leute, aber dennoch: Fledlein (Flädle), ingereusch (Kuttelfleck), Salse (gesalzene Brühe) und zwiffel (Zwiebeln) kannte man schon damals, und man wußte sie hervorragend zuzubereiten.

Eine besondere Bewandtnis hat es mit den Kartoffeln. Der Preußenkönig Friedrich II. befahl 1742 durch Edikt ihren Anbau, um die Versorgung der Bevölkerung während seiner zahlreichen Kriege zu gewährleisten. Aber was den Preußen recht war, das war den Schwaben noch lange nicht billig, die mochten diese „Grundbirnen“ einfach nicht. Nur unter dem Zwang der äußeren Verhältnisse – 1772 brach eine fürchterliche Hungersnot über das Land herein – fand sie Verbreitung, wobei sie aber der Schwabe nur widerwillig und fast beleidigt auf seinen Speisezettel nahm. In der Folgezeit allerdings regten die „Grommbira“ die Bewohner des Ländle zu vielen neuen Variationen an. Eine der größten schwäbischen Erfindungen in der Küche ist zweifellos der Kartoffelsalat, erwähnenswert aber sind auch Saure Kartoffelrädle, Schupfnudeln (wobei der Schwabe Kartoffeln und Mehl vermischt) und der Gaisburger Marsch, bei dem es der Schwabe sogar fertig bringt, Spätzle und Kartoffeln einträchtig nebeneinander leben zu lassen. Über all diese Dinge wird im Rezeptanhang noch zu reden sein. Trotz allem ist das Verhältnis der Schwaben zur Kartoffel auch heute noch kein uneingeschränkt herzliches. So werden aus dem Norden Zugereiste, „Reigschmeckte“, gelegentlich immer noch als „Kartoffelfresser“ tituliert, aber meistens mit einem lustigen Zwinkern in den Augenwinkeln. Bis in unsere jüngste Vergangenheit lebte man äußerst sparsam. Die Speisen bestanden im wesentlichen aus den Grundnahrungsmitteln, aus Mehl, Eiern, Kartoffeln, Kraut und Bohnen. Fleisch kam allenfalls an Sonn- und Feiertagen auf den Tisch. Trotz allem aß der Schwabe schon immer gern und reichlich, und in Ludwig Aurbachers „Die Sieben Schwaben“ fehlen deshalb auch entsprechende Anspielungen nicht:

„In dem gesegneten Schwabenland, besonders in jener Gegend, wo soeben Meldungen geschehen, besteht die löblich Gewohnheit, daß man täglichs tags fünfmal ißt, und zwar fünfmal Suppe und zweimal dazu Knöpfle oder Spätzle, daher denn die Leute in der Umgegend auch ‚Suppen- oder Knöpflesschwaben‘ genannt werden; man sagt, daß sie zwei Mägen hätten, aber kein Herz.

... Der Knöpflesschwab sagte: Fechten sei zwar seine Leidenschaft nicht; aber wenn sie einen brauchten, um ihnen Knöpfle zu kochen, so gehe er mit los auf das Abenteuer. Als sie handelseins wurden, packte der Knöpflesschwab Häfen und Pfannen auf und zog mit ihnen weiter.“

Ludwig Aurbacher, selbst ein Schwabe, rechtfertigte die spotthafte Darstellung seiner Helden mit den Worten: „Denn Gott verhüte, daß das Necken unter den deutschen Landsleuten abkomme, es wäre dies ein übles Anzeichen, daß auch das Lieben unter ihnen abgekommen sei.“

Schwäbische Kunde

Nach diesem kurzen kulinarischen Streifzug durch die Geschichte der schwäbischen Küche wollen wir nun zunächst nach dem forschen, was den Charakter dieses Volkes zwischen Neckar und Donau ausmacht. So fand Heinrich Heine nur Spott für die Schwaben, speziell für seine Kollegen von der schwäbischen Dichterschule. Den „lieben Kleinen" empfiehlt er, „hübsch patriotisch und gemütlich zu Hause" zu bleiben „bei den Gelbveigelein und Metzelsuppen des Schwabenlandes". Das „Krähwinkelschwäblein" ist für Heine der Schwabe schlechthin – hierin unterscheidet er sich nur sehr wenig von vielen seiner Zeitgenossen, die die deutschen „Kardinaltugenden" wie etwa Dummheit, Faulheit und Gefräßigkeit nur zu gern einem einzigen Volksstamm anhängten. Diese Worte Heines stehen für die zuweilen extrem gegensätzliche Typisierung Schwabens: Einmal als vorwiegend kulinarisches Paradies, andererseits als Ort der Weltfremdheit, als Hort der Kleinbürger und Philister. Der Wahrheit kommen wir so jedoch nicht auf den Grund. Zwar finden sich in jedem Volk Neckereien zwischen Nachbarorten und Nachbarstämmen, und seine Scherze und Schwänke sind nun einmal keck und zuweilen derb – doch warum sich diese bei uns besonders auf den Stamm der Schwaben beziehen, ist zunächst unklar, schließlich handelt das bekannteste und oft gedruckte „Narrenbuch" von der bei Leipzig gelegenen Stadt Schilda. Seit über dreihundert Jahren ist dieses Nibelungenlied der deutschen Schwabenstreiche, wie es Ludwig Uhland, der große schwäbische Dichter, nannte, bekannt – doch über die Sachsen wird weit weniger gespottet.

Die Schwaben-Neckereien gehen bis auf die altgermanische Zeit zurück. Daher wird ein Blick in die Geschichte der Schwaben, den Charakter des Volksstammes, ihre Bräuche und Gewohnheiten vielleicht am ehesten helfen, die Richtigkeit jener Behauptung zu überprüfen, die Friedrich von der Hagen in seiner Einleitung zum „Narrenbuch" aufstellte: „Jedes Land hat sein lustiges Völkchen, auf welches es sich der gesamten eigenen Torheit und Narrenstreiche entladet, sich närrisch an dem eigenen Bilde ergötzet, wie sich ein Affe im Spiegel nicht erkennt und mit dem eigenen Schwanze spielt, der ihm als etwas Fremdes vorkommt, und so unvermerkt einen neuen Schwank zu dem alten liefert." Aber es kommt auch Schützenhilfe von prominenter Seite. So sagt zum Beispiel Viktor von Scheffel:

> Teufelskerle, diese Schwaben!
> Ungehobelt sind sie alle
> und von grobem Schrot und Korn,
> aber in den eck'gen Köpfen
> ist viel Weisheit aufgespeichert.

Und Johann Friedrich Gaum ergänzt: „Die Schwaben sind etwas langsam und bedächtlich, sie wollen nicht klüger als ihre Voreltern sein. Aber sie können sich im Genuß eines so reich gesegneten Landes über die unverdiente Schmach, die sie noch immer als Schwaben von andern, die doch nicht besser sind als sie sind, tragen müssen, getrost hinwegsetzen."

Bevor ein Blick in die Geschichte getan wird, sollte man sich fragen: Wer sind eigentlich die Schwaben? Wo leben sie denn heute, und wie grenzen sie sich gegen andere Volksstämme ab? Die einfachste und doch umfassendste Definition lautet: „Schwabe ist, wer schwäbisch spricht." Danach leben die Schwaben zwischen Lech, Bodensee, Schwarzwald, Enz und dem Schwäbischen Wald. Die ihnen stammesverwandten Bewohner Südbadens, Vorarlbergs, Liechtensteins, der deutschsprachigen Schweiz und des Elsaß' nennt man – wie bis ins neunte Jahrhundert hinein auch hier – Alemannen.

Schon ein allgemeiner Überblick zeigt die Mannigfaltigkeit der Landschaft: Im Westen das dunkle Gebirge des Schwarzwaldes mit tiefeingeschnittenen Tälern zwischen nadelholzbedeckten Buntsandsteinrücken. Im Süden die äußersten Ausläufer der Allgäuer Alpen, dann als größter deutscher Binnensee der Bodensee, auch „Schwäbisches Meer“ genannt. Nördlich davon, das ganze Land von Südwest nach Nordost durchziehend, die Schwäbische Alb, im Süden durch den Lauf der jungen Donau unterbrochen, im Norden von tiefen Quertälern durchschnitten. Nordwestlich und nordöstlich breitet sich zwischen Schwarzwald und Schwäbischer Alb das Flußgebiet des Neckars mit seinen Zuflüssen aus – ein grünes, mildes, hügeliges Land, voll mit Obst, Wein und Getreide. Dies ist das schwäbische Unterland, das bis hinüber zum anmutigen Taubergrund reicht. Ulrich von Hutten schrieb im Mai 1519 aus dem Heerlager des Schwäbischen Bundes: „Deutschland hat nicht leicht eine schönere Gegend; das Feld vortrefflich, die Luft gut und gesund, Berge, Wiesen, Thäler, Flüsse, Quellen, Wälder, alles höchst anmutig, der Wein, wie er sich von einem solchen Lande erwarten läßt.“

Der Name der Schwaben leitet sich von dem germanischen Stamm der Sweben oder Sueben her, und woher dieser Name wiederum kommt, darüber streiten die Gelehrten noch immer: Die Brüder Grimm erkennen im Stammnamen der Schwaben ein slawisches Wort, nämlich „Svoboda“, was soviel bedeutet wie Freiheit – also die freien Schwaben. Ludwig Uhland wiederum knüpft an das altnordische „Svaf“ an, den Speer bzw. die geschwungene Waffe. Wie dem auch sei – die freien und die mit dem Speer gewappneten Schwaben zeigten sich ihres Namens stets würdig und waren niemals friedsame Schlafhauben.

Schwabens älteste Bewohner gehörten einem Fischer- und Jägervolk an, wie die Funde der 1865 entdeckten Rentierstation bei Schussenried in Oberschwaben zeigen. In der frühesten Steinzeit sind die Höhlen der Alb von Hirten und Jägern bewohnt (Funde bei Schelklingen und Utzmemmingen), die Pfahlbauten Oberschwabens stammen aus der jüngeren Stein-

Typische Landschaft der Schwäbischen Alb, hier bei Urach mit der Ruine Hohen-Urach im Hintergrund

zeit. Diese Ureinwohner kamen mit den seit dem dritten Jahrhundert nach Südwesten einwandernden Alemannen in das ursprünglich keltische Gebiet zwischen Rhein, Neckar und Donau.

An die Römerherrschaft im schwäbischen Land erinnert vor allem der gewaltige Limes, jene Reichsgrenze gegen die nicht unterjochten Germanenstämme, teils Wall und Graben, teils turmbewehrte steinerne oder auch hölzerne Mauer. Die erste Anlage des Limes entstand unter Domitian im ersten Jahrhundert n. Chr. Über Gunzenhausen und Dambach kommend erreicht der Limes bei Egg im früheren Oberamt Ellwangen württembergisches Gebiet, läuft von hier aus weiter nach Halheim, Pfahlheim, über den Kocher nach Gmünd und Pfahlbronn; weiter nach Nordwesten über Murrhardt, Mainhardt, Öhringen und Jagsthausen, um mit der Überschreitung der Jagst die württembergische Landesgrenze wieder zu verlassen.

Im Schutz des Limes durchzog das Land ein weit verzweigtes Straßennetz, und an seinen Knotenpunkten rasteten die Legionen in Niederlassungen, die auch heute noch bestehen: Rottweil, Böblingen, Cannstatt, Öhringen, Marbach. Doch allzu lange hielt es die Römer nicht in diesem lieblichen Landstrich, denn die schwäbischen Stämme zeigten sich nicht eben friedlich. Schon im vierten Jahrhundert zogen sie aus dem rechtsrheinischen Germanien wieder ab und überließen der fränkischen Dynastie der Merowinger die auf dem schwäbischen Boden zurückgebliebenen Alemannen. Der den Schwaben nun vorausgehende Ruf ist vielfach belegt worden. Cäsar nennt sie den „bei weitem größten und kriegerischsten Stamm", Plutarch spricht sogar von der „Blüte aller Germanen".

Jahrhunderte später noch ist ihnen dieser Ruf vorausgegangen, denn in Sebastian Münsters einzigartiger „Cosmographia universalis" von 1544 heißt es: „Es ist in dem Teütschen land kein volck, das seinen nammen lenger weder die Schwaben noch behalten hab. Denn sie seind lang vor den Sachsen und Franken gewesen." Dieses stolze Wort geht wahrscheinlich auf die erste Blütezeit der Schwaben zurück – von 917 bis 1268 bestand das mächtige Herzogtum Schwaben. Aus der Zeit von 917 bis 1079 kennt man nicht weniger als 15 schwäbische Herzöge verschiedenen Geschlechts, von denen einige bis auf den heutigen Tag durch Legende und Sage bekannt geblieben sind. So etwa die Gestalt des Herzogs Ernst II. (1015 – 1030), dem Ludwig Uhland ein Drama widmete.

Die Jahre 1079 bis 1268 findet das schwäbische Land durchweg unter der Regierung der Herzöge aus dem Geschlecht der Hohenstaufen. Der Name stammt vom gleichnamigen Berg, auf dem der Graf Friedrich von Büren 1079 eine Burg errichtete und von da ab den Namen Friedrich von Staufen annahm; im gleichen Jahr verlieh ihm sein Schwiegervater, König Heinrich IV., das Herzogtum Schwaben. „Damals", so schrieb der Tübinger Geschichtsprofessor Martin Crusius im 16. Jahrhundert in seinen „Schwäbischen Annalen", „wurde der Grund gelegt zu den Schwäbischen Kaysern, welche aus dem Schloß Hohenstauffen oder der Stadt Waiblingen abkamen, und das Kaysertum auch bey 120 Jahren rühmlichst verwalteten."

Die Stauferzeit bildete den Gipfel der ritterlichen Kultur im christlichen Europa und im mittelalterlichen deutschen Reich, dessen Kaiser ja immerhin den Anspruch erhoben, Herren der Christenheit zu sein.

Zu der Zeit, als Friedrich der Einäugige, der Vater Barbarossas, als zweiter Stauferherzog in Schwaben herrschte, fand auch die berühmte Schlacht bei Weinsberg statt. Friedrichs Bruder Konrad war zwei Jahre zuvor, 1138, von einem kleinen Anhang deutscher Fürsten zum König gewählt worden und mußte seine Stellung gegen die Welfen durchsetzen. Die Schlachtrufe „Hie Welf!" – „Hie Waibling!" erklangen zwischen den Parteien. Die welfische Besatzung der Burg Weinsberg mußte sich nach langer Belagerung dem Heer Konrads ergeben, doch nur ihre Frauen bekamen vom König freien Abzug und durften von ihrer Habe nur mitnehmen, was sie auf ihren Schultern tragen konnten. Adelbert von Chamisso hat die Geschichte von den „Weibern von Weinsberg" in einem früher von fast allen schwäbischen Kindern auswendig gelernten Gedicht festgehalten:

... Es öffnet leise, leise sich das bedrängte Tor,
es schwankt ein Zug von Weibern mit schwerem Schritt hervor.
Tief beugt die Last sie nieder, die auf dem Nacken ruht,
sie tragen ihre Eh'herrn, das ist ihr liebstes Gut.
„Halt an die argen Weiber!" ruft drohend mancher Wicht;
der Kanzler spricht bedeutsam: „Das war die Meinung nicht."
Da hat, wie er's vernommen, der fromme Herr gelacht:
„Und war es nicht die Meinung, sie haben's gut gemacht;
gesprochen ist gesprochen, das Königswort besteht,
und zwar von keinem Kanzler zerdeutelt und zerdreht."

Seit dieser Begebenheit trägt die Weinsberger Burg den Ehrennamen Weibertreu.

Friedrichs des Einäugigen Sohn, Friedrich III., der spätere König und Kaiser, wurde Friedrich Rotbart oder Barbarossa genannt. Ludwig Uhland hat dem wagemutigen Kreuzfahrer Barbarossa ein unvergessenes Denkmal gesetzt mit seiner „Schwäbischen Kunde":

Als Kaiser Rotbart lobesam
zum Heil'gen Land gezogen kam...

Gleichzeitig hat er dem sagenumwobenen Schwabenmut gehuldigt, als er in den Schlußzeilen des Gedichts den mutigen Schwaben vor seinen König treten läßt:

Er sprach: Sag an, mein Ritter wert,
wer hat dich solche Streich gelehrt?
Der Held bedacht sich nicht zu lang:
Die Streiche sind bei uns im Schwang;
sie sind bekannt im ganzen Reiche,
man nennt sie halt nur Schwaben-Streiche.

Der deutsche Historiker Friedrich Wilhelm Benjamin von Giesebrecht (1814 – 1889) war von der Ausstrahlung und den Leistungen der Staufer, aber auch von der Schönheit des Landes offenbar so angetan, daß er folgende Worte fand: „Wer auf der Höhe des Staufens steht, überschaut nach allen Seiten weithin das reiche Schwabenland. Das Auge kann die Fülle der Eindrücke schwer erfassen, und die Gedanken schweifen in das Gebiet des Unermeßlichen, Grenzenlosen hinüber. Man begreift, wie hier ein Geschlecht erwuchs, welches unablässig in die Weite strebte, keine Schranke seinen Entwürfen und Unternehmungen setzte. Ein unwiderstehlicher Zug in die Ferne, der Abenteuererlust der französischen Ritter verwandt, ist in der Tat dem ganzen Geschlechte der Staufer eigen."

Kommen wir nun vom Namen Staufen auf einen anderen geschichtsträchtigen und noch heute seinen Namen gebenden Begriff: Wirttemberg.

Der Name Wirtemberg
schreibt sich vom Wirt am Berg. –
Ein Wirtemberger ohne Wein,
kann der ein Wirtemberger sein?

Der dies schrieb, war kein Geringerer als Friedrich Schiller, und seine schalkhaften Verse beruhen auf einer weit verbreiteten volkstümlichen Deutung des Namens. Tatsächlich leitet sich der Name ab von der Burg auf dem Rotenberg, zwischen Cannstatt und Esslingen am

Nächste Doppelseite: Die Burg Weibertreu trägt ihren Namen zur Erinnerung an einen handfesten Beweis ehelicher Treue: Im Spätherbst des Jahres 1140 belagert König Konrad III. die welfische Burg Weinsberg bei Heilbronn. Nachdem der König den zum Entsatz herbeieilenden Welf VI. geschlagen hat, muß sich die Burgbesatzung ergeben. Ihre Frauen erhalten freien Abzug und dürfen alle Habe, die sie auf den Schultern tragen können, mit sich führen. Doch wie staunen die Belagerer, als sich das Burgtor öffnet und die Weiber von Weinsberg über die Zugbrücke keuchen, auf den Schultern ihre Männer als ihre kostbarste Habe.

Ausläufer des Schurwaldes. Der Name änderte sich im Laufe der Jahrhunderte mehrfach über Wirdeberch, Werdenberc und Wirtinsberk. Konrad von Wirtinsberk wird in einer Urkunde vom 2. Mai 1092 als Zeuge genannt. Dies ist die älteste urkundliche Erwähnung des Namens Württemberg. Erst im Mai 1803 allerdings wurde der Name Württemberg auch für das ganze Land erstmals amtlich benutzt.

Unter den württembergischen Grafen ist besonders Eberhard im Bart bekannt und beliebt gewesen. Der schwäbische Heimatdichter Justinus Kerner hat ihm zu Ehren ein Gedicht verfaßt, das man als die schwäbische Nationalhymne bezeichnen kann:

Preisend mit viel schönen Reden
ihrer Länder Wert und Zahl,
saßen viele deutsche Fürsten
einst zu Worms im Kaisersaal.

„Herrlich", sprach der Fürst von Sachsen,
„ist mein Land und seine Macht,
Silber hegen seine Berge
wohl in manchem tiefen Schacht."

„Seht mein Land in üppiger Fülle",
sprach der Kurfürst von dem Rhein,
„goldne Saaten in den Tälern,
auf den Bergen edlen Wein!"

„Große Städte, reiche Klöster",
Ludwig, Herr zu Bayern, sprach,
„schaffen, daß mein Land dem Euren
wohl nicht steht an Schätzen nach."

Eberhard, der mit dem Barte,
Württembergs geliebter Herr,
sprach: „Mein Land hat kleine Städte,
trägt nicht Berge silberschwer;

doch ein Kleinod hält's verborgen:
daß in Wäldern noch so groß
ich mein Haupt kann kühnlich legen
jedem Untertan in Schoß."

Und es rief der Herr von Sachsen,
der von Bayern, der vom Rhein:
„Graf im Bart! Ihr seid der Reichste,
Euer Land trägt Edelstein!"

In der Tat war zu dieser Zeit ein Höhepunkt der schwäbischen Geschichte erreicht – Kaiser Maximilian I. erhob 1495 Eberhard zum Herzog von Württemberg.

Der schon erwähnte Geschichtsschreiber Sebastian Münster kommt zu dieser Zeit in seiner „Cosmographia universalis" zu folgendem Urteil über die Schwaben: „Aber jetzt und zu unseren Zeiten geben sich die mächtigen Schwaben gar nahe auf die Kauffmannschafft und schlagen sich viel zusammen in eine Gesellschaft, und legt ein jeder eine bestimmte Summa Geldes zu einem Hauffen, damit sie nicht allein Gewürtz, Seiden, Sammet und andere köstliche Waar, so über Meer herkompt, kauffen, sondern auch andere schlechte Ding, als Löffel, Sträl, Nadel, Spiegel, Messer und andere kleine Ding, davon sie trefflich reich werden . . ."

Früher gab es in jedem Dorf und in jedem Stadtteil das sogenannte »Backhäusle«. Die Hausfrau bereitete zu Hause den Kuchen oder ihr Gebäck vor und trug es dann auf dem Blech hinüber zum Backhaus, wo auf dem Holzfeuer gebacken wurde. Noch heute erfreut sich das sogenannte Holzofenbrot besonderer Beliebtheit, und auch die fast ausgestorbenen Backhäusle kommen wieder in Mode, denn in einigen Orten wurden sie renoviert und werden wieder fleißig benützt. Kenner behaupten, daß ein im Backhäusle gebackener Kuchen im Wohlgeschmack mit dem aus dem modernen Herd nicht zu vergleichen sei!

Widersprüchliches

Doch kommen wir nun von dieser kurzen geschichtlichen Betrachtung zum Wesen der Schwaben und dem Versuch, über die nicht ganz einfach zu verstehenden Eigenheiten der Schwaben zu den Eigenarten ihrer Küche zu finden. Der richtige Schwabe ist nie zufrieden, auch dann nicht, wenn er in der Küche die köstlichsten Gerichte zubereitet hat. Er lernt, wie das einmal ein intimer Kenner umschrieben hat, drinnen und draußen: „Selber suchen, selber finden. Ob es die Römer waren, die Klosterbrüder, die Österreicher, die Schweden, die Franzosen: jeder, der sich hier niederließ oder durchzog, machte auch mal Pause und kochte. Man schleppte ihm Holz herbei; die Schwaben waren so neugierig wie Griechen, die ließen sich auch erobern, wenn es nicht anders ging, und wenn der Feind wieder abzog, probierten sie seine Rezepte durch. Oder der Feind blieb da und ließ sich von der schwäbischen Küche aufsaugen.

Der Schwabe ist gutmütig, fleißig, auch undressierbar, mal grob, mal zärtlich, sparsam, grüblerisch, schleckig und leicht verletzbar. Mit anderen Worten, die Schwäbin kocht sowieso für einen Künstler und dessen Kinder – und da lernt man nie aus."

Lassen wir ein paar Zeugen aus der Geschichte sprechen, die vieles von dem, was heute den Schwaben – ob fälschlich oder nicht – nachgesagt wird, aufgeschrieben, bestätigt oder verworfen haben.

Bereits das 15. Jahrhundert kennt Schwaben-Neckereien in Hülle und Fülle, und die Wolfenbütteler Handschrift des Sachsenspiegels stellt den Schwaben mit einer Knöpflesschaufel dar. Die Geschichte der Sieben Schwaben taucht erstmals im Jahr 1498 in einer Tegernseer Handschrift auf, allerdings nur mit drei Helden, die jedoch schon ausdrücklich Schwaben sind! Neben diesen, in allen deutschen Landesteilen üblichen Neckereien kommen die typischen „Schwaben-Streiche" erst im 16. Jahrhundert auf und stehen im diametralen Gegensatz zu zeitgenössischen Schilderungen.

Martin Luther etwa kommt zu folgendem Urteil: „Wenn ich viel Reisen wollt, wollt ich nirgend lieber ziehen denn durch Schwaben- und Bayerland, denn sie sind sehr freundlich und gastfrei, gehen den Ankommenden entgegen und tun ihnen gute Ausrichtung um ihr Geld. Sachsen ist ganz unhöflich, da die Leute weder mit Wort noch mit Tat gefällig sind . . ."

Felix Fabri, ein Zürcher Geschichtsschreiber, berichtet in seiner „Historia Suevorum": „Das Land ist volkreich und stark und kühn, der Stamm ist sehr kriegerisch, von hohem Wuchs und blondem Haar, entbehrt in Folge seiner sparsamen Lebensweise Vergnügungen, kleidet sich reich und badet häufig . . . So ist der ganze Breisgau und das Elsaß voll von schwäbischen Bauern, und ohne sie könnten die Elsässer Bauern die Hälfte ihres Berglandes nicht anbauen. Und daß der bekannte Elsässer Wein schon weit und breit durch die Welt geschickt wird, ist das Verdienst der schwäbischen Winzer, die Tag für Tag in den Bergen das Brachland umgraben und das Rebgebiet vergrößern. Und nicht nur in Schwaben, auch außerhalb Deutschlands, wo Wein wächst, findet man schwäbische Winzer. In ähnlicher Weise schickt Schwaben seine Knechte und Waffenträger überall hin."

Doch genug des Lobes, denn trotz dieser frühen Ruhmesblätter für die Schwaben und ihr Wesen bleibt ja noch genug an Widersprüchlichem. Denn die Wanderslust und Auswanderungssucht, die den Schwaben schon seit alters her nachgesagt wird, war nicht ohne Grund vorhanden. So sind schon 1515 rund 500 mit der Mißherrschaft des jungen Herzogs Ulrich unzufriedene Remstäler nach Ungarn gezogen, zahlreiche Allgäuer Schwaben folgten ihnen im 17. Jahrhundert nach. Auch die ersten Auswanderer nach Amerika verließen ihre Heimat, um Streit mit den Kirchen und Staatsbehörden aus dem Weg zu gehen. Berühmt wurde der württembergische Separatist und Gemeindegründer Georg Rapp von Iptingen, aus der Gegend von Vaihingen, der in den USA, in Pennsylvania, die Gemeinden „Harmony“ und „Economy“ gründete – beide Namen deuten denn auch auf eng verwandte schwäbische Wesensarten hin.

Dagegen waren die Schwaben in ihrer Heimat gegen Angehörige anderer Stämme oft recht zugeknöpft und sogar abweisend, und wer sich als Nichtschwabe um schwäbische Dinge kümmern wollte, dem begegnete man mit wenig Zuvorkommenheit. Der Schwabenkenner Rudolf Krauß sagte darum einmal zutreffend: „Fremden begegnen die Schwaben mit Zurückhaltung, ja Mißtrauen und machen daher einen wenig zuvorkommenden Eindruck.“ Und die Wanderlust hat eben auch ihre Schattenseiten, denn der selbe Schriftsteller weist darauf hin, daß die Zurückgebliebenen um so zäher an ihrer Scholle kleben und sich um so hartnäckiger in die Heimat „einspinnen“. Die Gefahr liegt bei solchem Verhalten nahe, daß man durch das Festsitzen versauere, der Gesichtskreis sich verenge: „So geschieht es, daß in einem Lande, aus dem so viele hochfliegende Geister und kühne Denker hervorgegangen sind, die begabte Mittelmäßigkeit den Ton angibt.“

In ihrer Heimat entfalten die Schwaben dann auch all die guten oder minder guten Eigenschaften des Eigenbrötlers: eine dem Innern zugekehrte Lebenshaltung, bald nüchtern, bald träumerisch, die sich nicht mit dem Schein der Dinge begnügt, die die gewandteren, redefreudigeren Landsleute für leichtfertig, gar oberflächlich hält, diese zu Schwätzern und Windbeuteln stempelt. Das Schillersche Wort: „Ihr, ihr dort draußen in der Welt“ drückt vieles von dieser Wesensart aus.

Der Schwabe geht nur schwer aus sich heraus. Etwas Gemeinsames verbindet ihn da mit den Springerle, dem beliebtesten Weihnachtsgebäck der Schwaben, denn auch die Springerle gehen nicht immer so aus sich heraus, wie sich das die Hausfrau wünscht. Es gehört schon ein wenig Erfahrung dazu, wenn die Springerle nach dem Backen ihre charakteristischen schönen »Füßle« bekommen sollen.
Die Abbildungen zeigen einen besonders schönen hölzernen Springerlesmodel um das Jahr 1750 aus der Crailsheimer Gegend, rechts daneben das ausgeformte Gebäck.

Die schwäbische Eigenart hat niemand besser charakterisiert als Friedrich Theodor Vischer, der schwäbische Philosoph aus Ludwigsburg, in seinem Roman „Auch einer“:

„Meine sie nun zu kennen, diese Schwaben. Schwerblütig, unvermögend, sich aus sich herauszuleben. Meinen, ihre Eigenheiten seien bessere, eignere Eigenheiten, als die Eigenheiten andrer Stämme. Meinen, sie haben die Gemütlichkeit gepachtet... Nachdenkliches Wesen, viel Talent. Sind so gescheit wie nur irgend jemand, haben aber wie die Schildbürger beschlossen, heimlich gescheit zu sein. Guter Verstand überall. Aber kein Gespräch, kein geselliges, verbreitetes, Städte durchfliegendes Ventilieren neuer Dinge, die jedermann interessieren. Scheint mir auch verstockter Eigensinn zugrunde zu liegen, machen Gesichter, die sagen: jetzt, weil jedermann davon spricht, weil alle Welt meint, davon müsse die Rede sein, jetzt gerade erst recht nicht...

Auch Gutes in dieser Verstocktheit? Gewiß, und darin viel Recht. Begründeter, gerechter Widerwille gegen das Umsichwerfen mit vergriffener Sprachmünze bei so manchen Norddeutschen, gegen die Schwatzvirtuosität und Wohlweisheit des Berliners. Auch eine gewisse edle Scham, das Innere nur so geschwind herauszugeben?

Selbstgefühl, das sich gegen Modelebtag sperrt? Ja, auch davon ein Korn... Formlosigkeit prinzipiell gemacht: sie gilt für wahre Natur. Form gilt für affektiert, vor allem: höher belebte Form, doch auch einfach richtige Form, zum Beispiel reines Deutsch. Wissen aber doch in Kunst und Wissenschaft sehr wohl, was große Form ist...

Vieles offenbar auch Folge der langen Abgeschlossenheit vom großen Verkehr. Weltlosigkeit, Versessenheit, Stagnation. Hauptstadt in einem Kessel, können nicht oben hinausgukken. Hören gern: biedre Schwaben. Der wahre Biedermann wird aber die Biederkeit haben, dies Prädikat nicht anzunehmen, weil es klingt, als ob die Leute anderswo nicht bieder wären... Das viele Talent sichtbar in viel Humor. Lach- und Spottneigung. Spottlust dadurch etwas entschuldigt, daß man sie selbst viel verspottet, und doch viel mit Unrecht. Auch ihren Dialekt verspottet man oft ungerecht; unter all seiner Unschönheit ist doch ein feiner Sprachsinn verborgen, ein Ohr, ein Nerv von viel Schärfe für Sprachfehler moderner Abschleifung, naturloser Sprachkultur...

Summa: Völklein schwer zu begreifen; Gutes und Schlimmes verknäuelt wie kaum irgendwo. Überrascht aus seiner engen Existenz die Welt auf einmal mit einem Schiller, Schelling, Hegel. Vielleicht kann man sagen: unter dem dichten, knorpligen Schildkrötenschild ein stets gesparter, wohl auch viel zu sehr gesparter Schatz von Talent und Kraft. Dies die mildeste Ansicht und billigste Entschuldigung."

Ludwig Aurbacher hat mit seinen „Abenteuern der Sieben Schwaben" ein unsterbliches Denkmal gesetzt. Die Figuren der Schwabenstreiche lebten zwar schon lange in der Volkslegende: Hans Sachs erzählte von den neun Schwaben und ihren Abenteuern. Ein Kupferstich in der Münchner Pinakothek aus den Jahren 1610 – 1630 trägt die Überschrift: „Die Hoch und wolbekannte Historia/von den Sieben frommen und redlichen Schwaben mit dem Hasen/In gut schwäbischer Bauernsprach/In Reimen gestelt." Doch erst durch Aurbachers Nachdichtung nehmen die Abenteuer ihre heutige Form an. Die Namen seiner sieben Landsleute deuten auf schwäbische Sitten und Eigenheiten hin – jeder der Helden vertritt einen schwäbischen Gau.

Aber auch über einzelne Städte gibt es Schwanksagen, von denen eine der bekanntesten hier zitiert sein soll:

Als die Ulmer ihr Münster bauten, wollten sie einstmals einen langen Balken durch eine schmale Tür der Kirche ins Innere schaffen. Und wiewohl sie es immer wieder und wieder versuchten: die Türöffnung war zu schmal und der Balken zu breit. Sie wollten die Arbeit schon aufgeben, da sah ein biederer Geselle auf und bemerkte einen Spatzen, der mit einem langen Hälmlein durch eine schmale Luke ins Innere flog, indem er nicht den breiten, sondern den langen Weg nahm. Voll Freude darüber nahmen sie nun den Balken wieder auf und fuhren mit ihm den nämlichen Weg durch die Kirchentür wie der Spatz mit seinem Hälmlein. Und wie das Münster fertig war, setzten die Ulmer aus Dankbarkeit einen goldenen Riesenspatzen mit einem goldenen Hälmlein

Die Sage berichtet davon, daß ein Spatz den Erbauern des Ulmer Münsters gezeigt hat, wie man einen großen Balken durch ein enges Tor bringen kann, ohne anzustoßen. Noch heute nennt man daher die Ulmer »Spatzen«. Man hat aus dieser Legende heraus eigens ein Gebäck kreiert, den »Ulmer Spatz«, so wie er sich hier im Schaufenster einer Konditorei am Münsterplatz präsentiert.

Nächste Doppelseite: Die schwäbisch-alemannische Fasnacht stellt einen Volksbrauch von ungestümer Kraft und ungezügeltem Temperament dar, wie er in der Originalität seiner Überlieferung kaum irgendwo anders anzutreffen ist. Die Vielfalt der Masken, Gestalten, Sprünge und Tänze ist beeindruckend. Unser Bild zeigt eine Ansammlung Aulendorfer Eckhexen.

auf das Dach des Münsters. Zur Erinnerung an diese Geschichte heißt man die Ulmer im ganzen Schwabenland Spatzen.

Neben der geschichtlichen also auch die Schwanksage, neben der köstlichen Selbstverspottung mit den Sieben Schwaben Neckereien von Ort zu Ort, von Region zu Region. In beiden Formen hat der schwäbische Geist so manchen Zug seines eigenen Wesens zum Ausdruck gebracht. Kein Wunder also, daß sie uns heimelig anmuten in ihrer wunderlichen Mischung aus Sinnlichem und Übersinnlichem, aus Ernstem und Heiterem, aus Greifbarem und Luftigem – diese Legenden von „Er-

denschwere und Himmelsahnung", wie sie ein schwäbischer Legendenforscher zu ihrer Charakterisierung und der seiner Landsleute nannte.

Diesem Urteil kann man sich nur anschließen – in der schwäbischen Sage herrschen die freundlichen Züge vor, der eigentümliche Witz und die zuweilen groteske Kauzigkeit ihrer Figuren können uns auch heute noch amüsieren. Neben den längst vergessenen harmlosen Hausgeistern, Erdleutlein und Zwerglein – allesamt anziehende, heimelige Gestalten – begegnen uns heute noch die vielen märchenhaften Gestalten und Masken der typischen schwäbisch-alemannischen Fasnacht, schwäbisch auch „Fasnet" genannt. Vom 6. Januar, dem Festtag der Heiligen Drei Könige, bis zum Aschermittwoch tanzen und feiern Blätzle, Hansel, Hex und Bär, um nur einige Narrenfiguren zu nennen, ausgelassen und fröhlich.

Im Spiel und Tanz mit Gschell, Rätsche, Narrenwurst, Fuchsschwanz und Hexenbesen teilt sich die ganze Ausgelassenheit des Schwaben mit. Die ihm so oft nachgesagte Schwerblütigkeit wird ad absurdum geführt – wer jemals eine lokale Fasnetveranstaltung, einen Umzug, einen Narrensprung, besucht hat, wird dies bestätigen.

So sah es vor hundert oder zweihundert Jahren in einer schwäbischen Küche aus: ein eiserner Herd mit schönen Verzierungen, an der Wand verschiedenes Küchengeschirr, über dem Holzfeuer ein drehbares gußeisernes Waffeleisen, Handtuch, Töpfe, Eierkorb – dies alles ist original und unverfälscht noch erhalten im Bauernmuseum im Ort Schönenberg bei Schwäbisch Hall.

A Gosch voll Glufa

Und die schwäbische Küche? In ihr lebt die Geschichte dieses Landes ebenso wie die Rezepte der Großmütter, Urgroßmütter und was davor noch alles gekocht haben mag. In ihr vereinigen sich das Temperament der Schwaben mit dem der vielen Volksstämme und Eroberer, die irgendwann einmal auf ihrem Weg nach weiß Gott wohin das Ländle gestreift haben. So bodenständig die Schwaben und damit auch die schwäbische Küche ist, so spezifisch ihre Gerichte und ihre Suppen sind, so sehr schmeckt man die vielen Heerscharen und ihre Kochweisen heraus, die über das Land gezogen oder gleich dort geblieben sind. Zwar soll es auch früher nicht gerade die Stärke der Schwaben gewesen sein, sich für Fremde zu interessieren, es sei denn, sie brachten Aufträge für das Fabrikle. Doch beim Kochen scheint es anders zu sein. Wie sonst sollen die Spätzle oder Maultaschen entstanden sein. Doch gerade die Herkunft dieser wohl berühmtesten schwäbischen Spezialitäten liegt ziemlich im dunkeln. Obwohl ein Einfluß von den südlichen Nachbarn – eine Zeitlang gehörten große Teile Schwabens zu Österreich, woraus die Vorliebe beider Völker zu Mehlspeisen zu erklären ist – als naheliegend angesehen werden darf, so sind doch die Spätzle weder vom Geschmack noch von der Herstellungsweise mit der italienischen Pasta verwandt, und auch eine Abstammung der Maultaschen von den italienischen Ravioli ist keineswegs bewiesen. Außerdem behauptet der ansonst in seinem Wesen bescheidene Schwabe mit auffallender Selbstsicherheit, daß die Maultaschen im Geschmack mit den Ravioli ohnehin nicht zu vergleichen seien. Interessant ist, daß man Maultaschen auch schon im zaristischen Rußland kannte, und in diesem Zusammenhang dürfen sie nicht mit den Piroggen, einer russischen Spezialität, verwechselt werden. Nun – es ist weniger wichtig, welche geschichtliche Entwicklung die Maultaschen hinter sich haben, als vielmehr die Tatsache, daß es sich hierbei um ein wirklich delikates Gericht handelt, das so manchen Schwaben schon zu dem Stoßseufzer veranlaßt hat: „Do sott mer halt statt 'm Buckel au no en Mage han" (sinngemäß: Man sollte halt statt einem Buckel noch einen zweiten Magen haben). Nun kenne ich allerdings viele Zugereiste, denen die Vorliebe der Schwaben für die Maultaschen völlig unverständlich ist. In all diesen Fällen hat sich herausgestellt, daß sie die Maultaschen in Gasthöfen – oder besser gesagt Restaurants – serviert bekommen haben, in denen man möglicherweise Pizza, Hamburgers oder Cevapĉiĉi zubereiten kann, in denen man aber die Hände von der schwäbischen Spezialität Maultaschen lassen sollte. Was eine Maultasche ist, wie sie auszusehen hat und vor allem, wie sie schmeckt, hat Thaddäus Troll treffenderweise zusammengefaßt: „In einem unliebenswürdigen Gewand verbirgt sich ein delikater Kern. Sie schmecken hehlinge gut. Außen pfui und innen hui, überspitzt ausgedrückt. Zunächst künden die Maultaschen des Schwaben Vorliebe für Gebilde aus Mehl, für Papp, wie sich Nichtschwaben herabsetzend ausdrücken, was auf schwäbisch onomapoetischer Babb hieße. Eine leichenfarbene Hülle aus Nudelteig entsagt jedem optischen Reiz und wirkt appetitzügelnd. Aber wie köstlich ist die reiche Fülle aus Bratwurstbrät, Schinken, Fleisch, Speck, Spinat, Zwiebeln, Eiern, Petersilie, Muskat und Majoran! Jede Hausfrau hat dafür ihr

Die Laugenbrezel ist zweifellos eine der größten Leistungen der schwäbischen Bäcker, oft kopiert, aber nie erreicht. Sie ist eine typische Beigabe zum schwäbischen Vesper. Woher die Brezel kommt, ist ungeklärt. Es gibt eine Sage, wonach ein Bäcker in Urach durch einen Frevel sein Leben verwirkt habe, aber der Graf ihm eine Chance gab, indem er ihm auftrug: »So du einen Kuchen backen kannst, durch den die Sonne dreimal durchscheint, soll dir dein Leben geschenkt sein.« Daraufhin erfand der Bäcker die Brezel, und sein Leben war gerettet.

Spezialrezept. Diese Maultaschen schwimmen wie Wasserleichen in Fleischbrühe. Oder sie werden, mit Eiern überzogen, im Ofen gebakken. Oder mit braunen Zwiebeln überschmelzt als blasse Wesen einem fahlen Kartoffelsalat beigelegt."

Das Mehl spielt überhaupt in der schwäbischen Küche die Hauptrolle. Da muß alles pappen oder babben. Und wenn das alles, was daraus gezaubert wird, dann noch in einer Brühe schwimmt wie die Maultaschen oder in eine schmackhafte Soße getunkt werden kann wie die Spätzle, dann ist's der Schwabe zufrieden. Er ist nämlich ein ausgesprochener Naßesser.

So sagt man den Bewohnern im Ländle nach, sie äßen fünfmal am Tag Suppe. Nun mag es für andere deutsche Volksstämme schon unbegreifbar sein, wie ein Mensch überhaupt fünfmal am Tag essen kann, vor allem dann, wenn auch auf das Vesper nicht verzichtet wird. Aber im Ländle ist sowieso alles anders, und damit hat sich einer, der nicht schwäbelt, gefälligst abzufinden. Schwäbische Toleranz gilt eben weitgehendst nur für die Schwaben. Daher merke: Zu einem richtigen Essen gehört für den Schwaben eine schwäbische Suppe. In einem schwäbischen Kochbuch um die Jahrhundertwende fanden wir folgende köstliche

1

4

7

Der Schwabe liebt außer der guten Küche die vielerlei Backwaren, die ihm sein »Beck« bietet. Nicht von ungefähr steht in Ulm das Deutsche Brotmuseum. Aus dessen Schätzen zeigen wir:
1 *Ladenschild einer Bäckerei aus Blech –* **2** *Aus Holz geschnitzter Sackdruckstock aus Süddeutschland, 18. Jahrhundert –* **3** *Teigteilmaschine zur Herstellung von Kleingebäck, Ende 19. Jahrhundert –* **4** *Ofenfuß aus Sandstein mit Bäckerzeichen und Metzgerszene aus Nellingen bei Esslingen, 1771 –* **5** *Brottruhe aus Nellingen von 1832 –* **6** *Fayence-Deckelkrüge aus Ludwigsburg (1772) und Crailsheim (1813) –* **7** *Verschiedene Back- und Puddingformen aus Metall und Keramik –* **8** *Bäckerstuhllehne von 1761 –* **9** *Geschnitzte Zunfttruhe der Bäcker und Müller von 1701 aus Oberschwaben oder Österreich*

2

3

5

6

8

9

Spä

tzle

Laudatio über die Suppe: „Bei jedem Mittagsmahl, sei dasselbe für Gäste oder auch nur für die Familie bestimmt, wird in Süddeutschland zuerst eine Suppe gegeben. Deshalb ist es für jede Hausfrau von Wichtigkeit, daß diese so gut als möglich auf den Tisch komme. Der erste Eindruck ist ja meist bestimmend und wenn die erste Speise nicht gut ist, so wird man wenig von den folgenden erwarten. Ältere Personen erwärmen sich gerne an einer heißen, kräftigen Suppe und sehen sie als Grundlage eines guten Mahles an; die Gäste kommen dadurch schon in eine gute Stimmung, und wenn die Familie allein speist, so sagt der Hausherr wohl freundlich: ‚Welch ein gutes Süppchen haben wir doch heute wieder!'" Danach folgen nicht weniger als 55 Rezepte für Suppen. Das 1801 erschienene Augsburgische Kochbuch von S. J. Weiler enthält sogar 65 Suppenrezepte.

Aber nun noch einige Worte zur berühmtesten schwäbischen Spezialität, den Spätzle. Sie sind seit Jahrhunderten die Grundlage und Säule der schwäbischen Küche. Schon in mittelalterlichen Darstellungen sind die Schwaben mit einem Spätzlesbrett abgebildet. Das ist ein Küchengerät, von dem der Teig aus Mehl, Wasser, Salz und Eiern mit einem besonderen Messer oder Schaber ins kochende Wasser geschabt wird, „bis die Spätzle jene schlaffe Konsistenz haben, die sich von der Soße liebend umschmeicheln läßt. Spätzle schließen auf der schwäbischen Tafel glückliche und unglückliche Ehen mit artfremden, allzu nah verwandten, kontrastierenden und harmonierenden Speisen. Welch glückliche Verbindung von Spätzle und einem kräftigen Rostbraten und viel gebräunten Zwiebeln darauf, welch der Zunge wohlgefällige Ehe mit einem saftigen Schlachtbraten! Welch kühne Liaison zwischen Spätzle und Sauerkraut. Wie gefällig dem Auge die falben Gebilde neben dem gesunden Grün des Spinats. Dazu ein Rindsbraten: Ich finde das im Gegensatz zu meiner preußisch angeseuchten Familie deliziös." So Thaddäus Troll. Aber auch andere große Schwaben haben sich geistig mit den Spätzle auseinandergesetzt. So sagt zum Beispiel Theodor Heuss: „Die Spätzle, Teig mit viel oder wenig Eiern, in schmalen Stücken vom Holzbrett ins kochende, leicht gesalzene Wasser hineingeschnitten, ersetzen langhin ausschließlich die Rolle, die im Norden die Kartoffel spielt, unentbehrliche Begleiter von allen möglichen Fleischsorten und Gemüsen, Sauerkraut mit Spätzle, saure Linsen mit Spätzle – es ist schon recht, wenn es dazu auch ein Stück Schweinefleisch gibt oder bei den Linsen die dünnen Saitenwürstle. Das ist Zugabe, fast das Sonn- und Festtägliche – zum Sattmachen sind die Spätzle da." Es wäre für eine echte schwäbische Hausfrau eine Kleinigkeit, aus dem Stegreif 15 oder auch 20 verschiedene Zubereitungsformen der Spätzle aufzuzählen. Dies würde nun aber auch im Rahmen dieses Buches zu weit führen, und so haben wir natürlich auch im Rezeptanhang nur die wichtigsten und bekanntesten Varianten aufgeführt.

Auch heißen die Spätzle beileibe nicht überall Spätzle. Im Allgäu und im Oberland zum Beispiel wird der Teig durchs Sieb gedrückt, und schon haben sie einen anderen Namen: Knöpfle. Auch hierzu gibt es alle möglichen Arten der Zubereitung, und es wäre unmöglich, alle Rezepte, Tips und Kniffe zu schildern, die sich im Verlauf der nun schon 600jährigen Geschichte der Spätzle und Knöpfle von Generation zu Generation vererbt haben.

Vergebens wäre es auch, die „National"-Gerichte der einzelnen Regionen dieses Landes zwischen Wehrburgen, Kaiserpfalzen, Wasserschlössern und prunkvollen Residenzen aufzuführen. Da wird manchmal von Stadt zu Stadt, von Dorf zu Dorf dem gleichen Gericht nur ein anderer Name verpaßt.

Noch eine weitere schwäbische Spezialität verdient eine ausführlichere Erwähnung: der Gaisburger Marsch. Der Name kommt vom Stuttgarter Stadtteil Gaisburg, wo sich auch die „Bäcka-Schmiede", eine berühmte Stuttgarter Lokalität befindet. Vor dem Ersten Weltkrieg hatten Offiziersanwärter in den Kasernen gewisse Vorrechte, unter anderem auch beim Essen. Sie mußten dies nicht in der Kantine einnehmen, sondern konnten ein Wirtshaus ihrer Wahl aufsuchen. Die Offiziersanwärter der Stuttgarter Bergkaserne bevorzugten die „Bäcka-Schmiede", wo der Wirt nach dem Motto rasch, heiß, kräftig und billig einen delikaten Eintopf aus Fleischbrühe, Rindfleisch, Spätzle und Kartoffelschnitz servierte. Vor dem Essen also formierten sich die Offiziersanwärter zum „Gaisburger Marsch", und das Gericht hat diesen Namen bis zum heutigen Tag behalten. Die „Bäcka-Schmiede" wurde übrigens im Jahre 1834 von einem Gastwirt für 8000 Gulden erworben, wobei er 3000 Gulden anzuzahlen hatte und den Rest in zehn Jahresraten à je 500 Gulden begleichen mußte. Seit dieser Zeit wurde die „Bäcka-Schmiede" von der selben Familie bzw. deren Nachkommen bewirtschaftet, bis bedauerlicherweise im Herbst 1978 auch diese ruhmreiche Tradition ein Ende fand.

Auch der Gaisburger Marsch ist in der Zubereitung keineswegs so einfach, wie die Zutaten vermuten lassen. Überhaupt scheinen gerade einfache Gerichte ein gewisses Maß an Sorgfalt und Erfahrung vorauszusetzen, um ihren unverfälschten Eigengeschmack entfalten zu können. Leider erlebt man immer wieder in Gasthäusern und Restaurants böse Überraschungen, wenn mit dem Aushängeschild „Schwäbische Küche" etwas vorgegaukelt wird, was aufgrund fehlender Kenntnisse nicht stilgerecht geboten werden kann, und so lesen wir bei Georg Kleemann in seinem Büchlein „Also, wenn Se mi froget..." folgende hübsche Begebenheit: „Ja, und wie es erst mit dem Gaisburger Marsch steht! Wie jeder Eingeborene weiß, ist das eine Delikatesse, wenn er richtig gemacht wird – dann ist er allerdings auch kein ganz billiges Essen. Leider werden unter diesem Markennamen aber heutzutag ganz seltsame Schüsselfüllungen angeboten. Die bestehen aus Fabrikspätzle, ein paar wässrigen Kartoffeln und warmem Wasser. Bei einer etwas nobleren Abart dieses sogenannten Essens sind immerhin ein Paar Stück Fleisch in einer dünnen Fleischbrüh herumgeschwommen; und da hab ich mich beim Wirt beschwert und einen seltsamen Erfolg damit gehabt: Der Wirt ist mit einem Blöckle in der Hand an meinen Tisch gekommen, war sehr freundlich und hat gefragt: ‚Ach bitte, wissen Sie vielleicht, wie dieses Gericht geht? Es wird viel verlangt, aber es ist unbekannt bei uns in Griechenland!'"

Damit wollen wir es nun bei den schwäbischen Spezialitäten zunächst bewenden lassen, zumal ja im Rezeptanhang noch Ausführliches hierzu zu finden ist. Ein paar Sätze aber noch zum Württemberger Wein, der des Schwaben liebstes Getränk ist, obwohl hierzulande auch viel Bier gebraut und getrunken wird und obwohl so mancher Schwabe heimlich im Keller auch noch ein Faß Most (vergorener Saft aus Äpfeln und Birnen) stehen hat.

An den sonnenverwöhnten Keuper- und Muschelkalkhängen der zahlreichen Flußtäler kleben die Weinberge und tragen seit Jahrhunderten Rebkulturen. Weinbrunnen und gemütliche Weinstuben gehören ebenso zur Atmosphäre des Landes wie die zahlreichen Gasthöfe, in denen zum guten Wein das schmackhafte Vesper oder andere schwäbische Tafelfreuden kredenzt werden. Welche Bedeutung der Weinbau für das Land und seine Leute hat, läßt sich am Beispiel des Tübinger Fasses ablesen, das von Herzog Ulrich 1546 aus Freude über die gute Weinernte in Auftrag gegeben wurde und das 84000 Liter faßt. Es ist 8 Meter lang und 5 Meter hoch, und zu seiner Fertigung wurden über 90 Eichenstämme benötigt.

Über schwäbische Gasthöfe könnte man ins Schwärmen geraten. Es ist jedoch nicht Aufgabe dieses Buches, Reklame zu betreiben und Empfehlungen auszusprechen. Auch geziemt sich schon aus Gründen der Gleichheit und Fairneß äußerste Zurückhaltung beim Nennen gastronomischer Berühmtheiten. Der Einheimische weiß ohnehin, wo er hinzugehen hat, wenn er einmal den häuslichen Herd verläßt. Dem Fremden mögen die Sterne, Kochmünzen, Gabeln, die in überdurchschnittlichem Maße von den einschlägigen Hotelführern nach Württemberg verteilt werden, verläßliche Anhaltspunkte geben.

Schon von weitem sind die oft uralten Wirtshausschilder zu erkennen, die den Gast zum Besuch einladen. Innen ist es meist urgemütlich, das Essen hoffentlich echt schwäbisch, manchmal von einem Hauch der „haute cuisine“ gestreift. Die Gastfreundschaft ist hier zu Hause, und fürs Geld gibt's was Gutes. Die Atmosphäre einer alten schwäbischen Weinstube hat der Dichter Joachim Ringelnatz in treffender Weise eingefangen:

Vor dem heißen Ofen balgen
Katzen sich. Wie dumme Jungen.
Auf dem Tisch an kleinen Galgen
hängen Brezeln, schön geschwungen.
Würdebärte schlürfen kräftig
wichtig diskutierte Weine. –
Links im Laden bückt die kleine
Bäckerstochter sich geschäftig.
Zinn blitzt von der Holzfassade.
Zeichnungen an allen Wänden.
(Stumm, mit mehlbestaubten Händen
rückt der Wirt die schiefen gerade.)
Setze mich so ganz bescheiden hin
und vergaß auch nicht, sehr laut zu grüßen.
Dennoch ließen Blicke mich leicht büßen,
daß ich kein Stuttgarter bin.

Zweifellos aber ist nach wie vor die schwäbische Hausfrau die tragende Säule der heimischen Küche. Daß die Schwäbin nicht nur

Wirtshausschilder sind das aushängende und gleichzeitig einladende Attribut eines Gasthofes oder einer Herberge. Noch heute findet man im Schwäbischen vielerorts kunstvoll geschmiedete und gestaltete Wirtshausschilder mit den typischen Namen zum »Ochsen«, »Löwen«, »Faß«, zur »Post« oder zum »Ritter«, um nur einige wenige der charakteristischen Namen zu nennen.

ZUM GRÜNEN BAUM

Diese Bilder geben die typische Atmosphäre einer schwäbischen Gastwirtschaft wieder, deren Wirt durch sein exzellentes Können noch einen Hauch von »haute cuisine« beisteuert. Ohne Zweifel findet man im Schwäbischen immer wieder Gasthöfe, in denen die Küche eine Qualität und einen Einfallsreichtum bietet, daß sie den Vergleich mit Nobelherbergen in anderen Landen keinesfalls zu scheuen braucht.

anders kocht, als das in deutschen Landen gemeinhin üblich ist, sondern auch anders in der Küche arbeitet, bedarf fast schon keiner besonderen Erwähnung mehr. Die Schwaben, dies haben wir bereits festgestellt, sind emsig und fleißig. Auch die Schwäbin „schafft", wenn sie in ihren vier Wänden ist. „Wenn sie kocht, dann ist das auf dem Herd und um den Herd herum ihr Fabrikle: Aus der Schüssel in den Topf, aus dem Topf in eine zweite Schüssel, aus der zweiten Schüssel in einen zweiten Topf, aus dem zweiten Topf wieder in den ersten Topf, aus dem ersten Topf in eine dritte Schüssel, aus der dritten Schüssel in die erste Pfanne, aus der ersten Pfanne in die zweite Pfanne."

Wen wundert's, daß der Schwabe, wenn er vom Schaffen nach Hause kommt, gern dort bleibt. Und wenn er nach beendigtem Mahl sagt: „Net schlecht", dann war's ganz gut, wenn er „Des ka mer lassa" tönt, war's schon hervorragend. Läßt er sich gar zu einem „Des isch besser wie a Gosch voll Glufa" (Stecknadeln) hinreißen, dann ist die Schwäbin „narret".

Liebe geht nun einmal durch den Magen. Essen und Trinken hält Leib und Seele zusammen. Das ist im Ländle nicht anders als anderswo.

Kulinarische Streifzüge

Die Rezepte sind ihrem Charakteristikum nach alphabetisch geordnet. Sofern nicht besondere Angaben gemacht werden, sind alle Zutaten für vier Personen berechnet.

Aal in Salbei

Die Geburtsstätte des bei uns bekannten europäischen Flußaals ist die Tiefe der Sargasso-See. Dieses Meer liegt im Atlantik zwischen Bermuda- und Bahamainseln, und die Aale laichen in rund 400 Meter Tiefe. Es ist noch heute ein Rätsel, warum es diese schlanken Fische zum Laichen und zum Sterben in dieses Gewässer zieht, denn jeder Aal wandert dorthin zurück, wo er geboren wurde.

1 Aal von ca. 1 kg,
möglichst frisch, nicht gefroren;
Salz, Pfeffer, Saft einer Zitrone,
10 mittelgroße, frische
Gartensalbeiblätter, 100 g Butter

Den Aal häuten und ausnehmen. Dazu den Aal am Kopf mittels einer Schnur oder eines Hakens aufhängen, kurz hinter dem Kopf die Haut ablösen und mit einem Tuch herunterziehen.

Nun schneidet man den gewaschenen Aal in beliebig große Stücke, reibt mit Salz und Pfeffer ein und beträufelt sie mit frisch ausgepreßtem Zitronensaft. In dieser Marinade läßt man die Stücke einige Minuten ziehen. In der Zwischenzeit richtet man die Salbeiblätter und erwärmt die Butter in der Pfanne.

Nun werden die Aalstücke zusammen mit den Salbeiblättern in der Butter langsam gedünstet, öfters gedreht und somit leicht gebraten. Nach etwa 15 Minuten – je nach Stärke der Stücke – nimmt man sie heraus, legt sie auf eine vorgewärmte Platte und serviert sie mit brauner Butter.

Als Beilage eignen sich Salzkartoffeln, Reis oder Blattsalate. In kaltem Zustand sind die Aalstücke eine feine Vorspeise.

Albertle

(100 – 120 Stück)

Drei oder vier Wochen vor Weihnachten zieht in der schwäbischen Küche besondere Betriebsamkeit ein. Dann ist die Zeit gekommen, die berühmten Weihnachtsgutsle zu backen. In der Vielfalt der oft überlieferten Rezepte, aber auch in Ausdauer und Liebe zur Herstellung des weihnachtlichen Gebäcks dürfte die schwäbische Hausfrau nirgends auf der Welt zu übertreffen sein. Obwohl auch die Bäcker heute erstklassige Gutsle anbieten, ist es der Stolz der Hausfrau, ihre Zimtsterne, Springerle, Wespennester, Ausstecherle, Haselnußbrötle, Albertle, und wie sie sonst alle noch heißen, herzustellen, schon um der Atmosphäre willen, die in der vorweihnachtlichen Zeit von den würzigen Düften aus der Küche ausgeht.

125 g Butter, 4 Eier, 250 g Zucker, 1 Päckchen Vanillezucker, 500 g Mehl, 250 g Stärkemehl, 3 Eßlöffel Rahm, 1 Päckchen Backpulver, Backfett

Unter die schaumig gerührte Butter abwechselnd die ganzen Eier, Zucker und die übrigen Zutaten untermischen (zum Auswellen 125 g Mehl zurückbehalten). Auf dem Backbrett zu einem glatten Teig verkneten und etwa 1 Std. ruhen lassen; dann messerrückendick auswellen, mit dem Reibeisen ein Muster aufdrücken, runde Plätzchen oder beliebige Förmchen ausstechen und auf gefettetem Backblech bei mäßiger Hitze hellgelb backen.

ZUCKER

Anisbrot

(30 – 40 Schnitten)

Die Anispflanze steckt noch voller Geheimnisse. Nicht einmal ihre Herkunft ist genau bekannt, denn wildwachsend wird sie kaum gefunden. Auch die Samenkörner der Anispflanze, die einen würzig-süßen, hocharomatischen Geschmack haben, stecken voller rätselhafter Stoffe. Aus den ätherischen Ölen der Samen gewinnt man die Anisessenz, die Aperitifs und Likören ihren charakteristischen Geschmack verleiht. Allerdings sind darin auch Giftstoffe enthalten, die vor allem bei Licht- und Lufteinwirkung gefährliche Eigenschaften entwickeln können, wie sie beispielsweise in dem berüchtigten Absinth zum Ausdruck kommen. In unserem Rezept jedoch ist der Anis vollkommen harmlos und verleiht dem Gebäck seinen unnachahmlichen Geschmack.

6 Eier, 250 g Zucker, geriebene Schale und Saft 1/2 Zitrone, 1 Eßlöffel Anis, 250 g Mehl

5 Eigelb, 1 ganzes Ei, Zucker, Zitronensaft und -schale etwa 20 Min. rühren, dann den verlesenen, gewaschenen, gut getrockneten Anis, das gesiebte Mehl und den steifen Schnee der restlichen Eiweiß untermischen. Eine gefettete Kapselform damit füllen und bei mittlerer Hitze in etwa 40 Min. hellgelb backen. Nach völligem Erkalten (am besten anderntags) in gleichmäßige, nicht zu dicke Scheiben schneiden und bei Oberhitze auf trockenem Backblech leicht anrösten.

Apfelküchle mit Vanillesoße

Bereits vor 2000 Jahren war der Apfel als wohlschmeckende Frucht bekannt. Schon damals konnte man zwischen 29 verschiedenen Sorten wählen. Aber der Apfel war nicht nur zum Reinbeißen da, sondern galt auch als Symbol der Fruchtbarkeit und wurde während der Hochzeitswerbung als Minnegabe dargebracht. Vielleicht gelingt es Ihnen, ein bißchen von diesem schönen Brauch in Ihre Apfelküchle einzubacken.

Für den Backteig: 500 g Mehl,
1/3 Liter Bier, 1 Prise Salz,
30 g Zucker, 2 Eßlöffel Öl,
4 geschlagene Eiweiß. Äpfel nach
Bedarf; Zimt-Zucker-Mischung.
Für die Vanillesoße: 1/2 Liter Milch,
1 Vanilleschote,
125 g Zucker, 30 g Mondamin,
3 Eigelb, 1/8 Liter Sahne

Die Zutaten für den Backteig gut miteinander verrühren, die Äpfel schälen, das Kernhaus ausstechen und die Äpfel in ca. 1 cm dicke Scheiben schneiden. Nun die Scheiben im Bierteig wenden und im Fettbad bei 180° goldgelb ausbacken. Die gebackenen Apfelküchle in mit Zimt vermischtem Zucker wenden und auf einem Teller anrichten. Die Zutaten für die Vanillesoße miteinander verrühren und erhitzen. Die Vanillesoße kann über die angerichteten Apfelküchle gegossen oder auch extra serviert werden.

Apfelsorbet

Den Süßspeisen des Orients geht seit jeher der Ruf voraus, erfrischend und köstlich zugleich zu sein. Dies ist auch kein Zufall, denn kann man sich etwas Köstlicheres vorstellen, als nach der Glut des Tages mit einem kühlen Trunk den hereinbrechenden Abend zu genießen?

Der Sorbet ist in Europa wohl durch die Kreuzfahrer bekannt geworden, die den ursprünglich türkischen Serbet als süßen Kühltrank schätzen lernten. Dieser wurde damals aus den Früchten des Granatapfelbaumes und des gelben Hornstrauchs gemixt.

Den Sorbet, den wir Ihnen hier vorstellen, sollten Sie aber nicht nur zur heißen Jahreszeit reichen – man kann ihn durchaus öfter genießen.

8 große Äpfel, 1/8 Liter Wasser, 70 g Zucker, Saft einer Zitrone, 1 Eßlöffel Calvados

Zunächst 4 Äpfel entkernen und mit der Schale mixen. Das Wasser aufsetzen, den Zucker dazugeben, aufkochen und erkalten lassen; danach zu den Äpfeln geben. Schließlich den Zitronensaft und den Calvados (Apfelkorn tut es auch) unterrühren und das Ganze im Eisfach gefrieren.

Von den restlichen 4 Äpfeln den Deckel abheben und ausstechen, danach kaltstellen. Zum Schluß die gefrorene Sorbetmasse in die Äpfel spritzen und auf gestoßenem Eis servieren.

Bodenseefelchen

Die Insel Reichenau im Bodensee ist vor allem durch ihr Benediktinerkloster bekannt geworden, das vor nunmehr über 1250 Jahren von Karl Martell gegründet wurde und bald große Bedeutung im Abendland erlangte. Daß die Benediktinermönche aber durchaus auch weltlichen Genüssen zugeneigt waren, zeigt dieses Rezept, das direkt von der Insel stammt. Es ist übrigens für zwei Personen berechnet.

1 küchenfertiger Felchen (entschuppt und ohne Flossen) von ca. 250 g, 1 Prise Salz, Saft einer Zitrone, 50 g Butter oder Pflanzenfett.

Für die Soße:

40 g Butter oder Margarine, 1/2 Zwiebel, 30 g roher Schinken, 40–50 g Champignons, ein wenig frischen oder getrockneten Salbei, Saft 1/4 Zitrone, 1 Schuß Bratensoße, 3 Eßlöffel saure oder süße Sahne, frische Petersilie, Pfeffer und Streuwürze nach Geschmack

Der Felchen wird vorsichtig innen und außen gewaschen, mit Küchenkrepp abgetupft und dann mit Salz und Zitronensaft innen und außen gewürzt. Nun den Felchen in Butter ca. 4–5 Minuten braten und warmstellen. Für die Soße das Bratenfett abschütten, Butter oder Margarine in die Pfanne geben und darin die halbe, in kleine Würfel geschnittene Zwiebel sowie den ebenfalls gewürfelten Schinken blond angehen lassen. Nun die grob gehackten Champignons und den Salbei hinzugeben, mit Zitronensaft abspritzen und mit ein wenig Bratensoße ablöschen. Das Ganze aufkochen, etwa 3 Eßlöffel saure oder süße Sahne sowie die frischgehackte Petersilie dazutun, Pfeffer und Streuwürze nach Geschmack.

Bodensee-lachsforelle

Der Bodensee, auch „Schwäbisches Meer" genannt, ist eines der am reichsten mit Fischen besetzten Gewässer Deutschlands. Schon die Karolinger züchteten hier im neunten Jahrhundert diese schmackhaften Wasserbewohner. Die bekannteste Forellenart, die Regenbogenforelle, kannten sie allerdings noch nicht. Sie wurde erst um 1880 aus Nordamerika bei uns eingeführt.

2 frische Lachsforellen von insgesamt rund 1,6 kg, Salz, Pfeffer, Zitrone, frische Kräuter je nach Saison, 100 g Butter, 1/2 Liter trockener Weißwein, Gewürze

Die Bodenseelachsforellen säubern, salzen und säuern. Dann mit frischen Kräutern und Butter füllen. In Alufolie einpacken und in eine Bratpfanne geben, deren Boden mit Weißwein und Fischfond bedeckt ist. Im Ofen etwa 20 Minuten dämpfen. Sofort servieren. Die Soße wird gewürzt und durch ein Sieb gepreßt. Sie kann noch mit Bouillon verlängert werden. Man gibt sie gesondert mit den Forellen zu Tisch. Dazu Dampfkartoffeln und frischen Salat reichen.

Geschmälzte Brotsuppe

Wer ausgiebig feiert, muß auch gut essen – das ist eine alte Regel. Heute hat es sich vielfach eingebürgert, für ein geselliges Zusammensein nicht mehr große Tafeln zu decken, sondern Gerichte zusammenzustellen, die ohne viel Aufwand an Zeit zu servieren sind. Wenn Sie Ihre Gäste auch einmal zu vorgerückter Stunde verwöhnen möchten, sollten Sie ihnen diese Brotsuppe von der Schwäbischen Alb kredenzen – ein ideales Mitternachtsgericht!

1 kleine Zwiebel,
25 g magerer Rauchspeck,
40 g Schweineschmalz, 100 g
ältere Weiß- und Graubrotstücke,
1 Prise Kümmel, 11/2 Liter leichte
Brühe, Salz und Muskat zum
Abschmecken,
1 Ei, 30—50 g Leberkäse

Die Zwiebel in feine Würfel schneiden und mit dem ebenfalls in kleine Würfel geschnittenen Rauchspeck im Schweineschmalz blond angehen lassen. Nun die Weiß- und Graubrotstücke sowie den Kümmel dazugeben und ein wenig mitrösten lassen. Das Ganze mit etwa 1 ½ Liter Brühe auffüllen und gut durchkochen lassen, dabei immer wieder mit Schneebesen oder Quirl gut durchrühren, bis die Suppe einigermaßen glatt ist.

Schließlich mit Salz und Muskat(-blüte) abschmecken – aber Vorsicht, denn Rauchspeck und Brot bringen schon Salz mit. Als Einlage ein aufgeschlagenes Ei in die leicht kochende Suppe einlaufen lassen und den in feine Würfel geschnittenen Leberkäse dazutun.

Nackete Dampfnudeln

Der schwäbische Schriftsteller August Lämmle hatte einmal Besuch aus Amerika. Als August Lämmle diesen ehemaligen Schwaben zum Flugzeug brachte, bedankte sich dieser überschwenglich für die Gastfreundschaft und bedauerte gleichzeitig, daß er nicht mehr länger bleiben könne, denn er werde drüben pünktlich um ein Uhr zum Mittagessen erwartet. Auf Lämmles Frage, was es denn um ein Uhr in der Neuen Welt zu essen gäbe, antwortete der Amerikaner: „Nackete Dampfnudle mit Zwetschge."

500 g Mehl, 100 g Butter, 2 Eier,
1/8—1/4 Liter lauwarme Milch,
5 g Salz, 1 Eßlöffel Zucker,
20 g Hefe.
1 Tasse Milch, 50 g Butter,
1 Eßlöffel Zucker, 1 Prise Salz

Aus Mehl, Butter, Eiern, lauwarmer Milch, Salz, Zucker und aufgelöster Hefe einen Teig rühren und so lange schlagen, bis er Blasen wirft und sich von der Schüssel löst. Hefeteig zugedeckt an einem warmen Ort gut gehen lassen, dann etwa ½ cm dick auswellen, mit einem Glas Küchlein ausstechen und diese nochmals auf einem gemehlten Brett gehen lassen.

In eine eiserne Kasserolle nun eine Tasse Milch und 50 g Butter sowie 1 Eßlöffel Zucker und 1 Prise Salz geben und das Ganze zum Kochen bringen. Dann die Nudeln dicht an dicht einsetzen. Die Kasserolle mit einem Deckel verschließen und in die vorgeheizte Röhre stellen. Bei 220 Grad etwa 30 Minuten backen lassen. Den Deckel mit Bedacht, jedoch schnell abnehmen. Die Nudeln sofort herausnehmen und auftragen.

Eingemachtes Kalbfleisch

Der erste Präsident der Bundesrepublik, Theodor Heuss, hat seine schwäbische Heimat nie verleugnen wollen und können – auch den leiblichen Genüssen zeigte sich der weise Herr stets sehr aufgeschlossen (und aufgeklärt) gegenüber: „Außerhalb des Landes wird man wohl selten dem milden Gericht begegnen, das man eingemachtes Kalbfleisch nennt – gekochtes Fleisch mit einer weißen, mehligen Soße."

Es ist in der Tat ein Gericht, das man außerhalb Schwabens kaum kennt, das es aber wert ist, einer breiteren Schicht bekannt gemacht zu werden.

750 g Kalbfleisch (Schulter oder Hals), 1 Bund Suppengrün, 1 Prise Salz, 1 Zwiebel, 1 Zitronenscheibe, 11/2 Liter Wasser.
Für die Soße: 30 g Fett, 40 g Mehl, 1/2 Liter Sud vom Kalbfleisch, Saft einer viertel Zitrone, 1/4 Liter Weißwein, 1/8—1/4 Liter Sahne, 1 Eigelb

Das in Würfel geschnittene Kalbfleisch mit dem Suppengrün, Salz, der Zwiebel und der Zitrone im Wasser kochen, bis es weich ist. Für die Soße nun eine helle Mehlschwitze zubereiten, die mit einem halben Liter Brühe aufgefüllt wird. Gut durchkochen lassen. Die übrigen Zutaten für die Soße hinzugeben und das Fleisch nochmals in der Soße aufkochen. Zum Schluß erst das Eigelb unterziehen und sofort anrichten.

Dazu werden Spätzle und Salat gereicht.

Eisgugelhupf

Der Gugelhupf ist ein Kuchen aus Hefeteig, der in einer hohen, in der Mitte mit einem hohlen Zylinder versehenen Form gebacken wird. Der Name geht auf eine eng anschließende kapuzenähnliche Kopfbedeckung zurück, die im 14. und 15. Jahrhundert getragen wurde. In Norddeutschland wird dieses schmackhafte Hefegebäck Topf- oder Napfkuchen genannt. Es ist zwar nicht besonders fein, das Backwerk in den Kaffee zu tunken (schwäbisch donga), aber schmecken tut's gut! Eine raffinierte Abwandlung des Gugelhupfes stellt dieses Rezept dar, das sich natürlich keinesfalls zum „Neidonga" eignet!

2 Eier, 80 g Zucker,
2 cl Grand Marnier,
0,4 Liter geschlagene Sahne.
Für die Schokoladensoße: 1/8 Liter Wasser, 70 g Zucker,
100 g Blockschokolade,
etwas Rum.
30 g Rosinen, 1 cl Rum,
30 g geröstete Mandeln

Die Eier mit dem Zucker (im Wasserbad) bis zur Bindung aufschlagen. Danach kaltrühren. Mit etwa 2 cl Grand Marnier vermengen und dann die geschlagene Sahne darunterziehen. ⅓ der Masse in eine Gugelhupfform geben. ⅓ mit der Schokoladensoße, den Rosinen, die einen Tag in Rum eingelegt worden sind, vermengen und in die Form geben. Zum Schluß das restliche Drittel darübergießen und etwa 6 Stunden bei minus 18 Grad gefrieren lassen. Danach stürzen und mit gerösteten Mandeln bestreuen. Die Schokoladensoße wird wie folgt angefertigt: Wasser kochen lassen, Zukker dazugeben, Blockschokolade einkochen lassen und mit etwas Rum abschmecken.

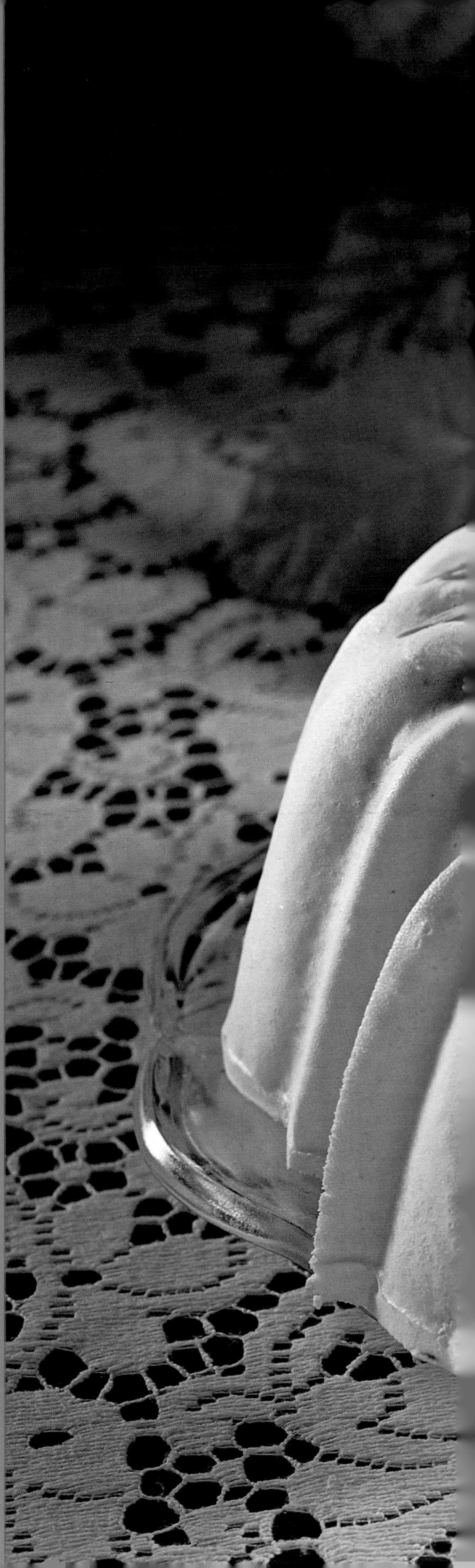

Fasnachtsküchle

Früher wurde nur der Abend vor Beginn der Fastenzeit als Fasnacht oder Fastnacht bezeichnet. Im Laufe der Jahrhunderte dehnten sich die Volksbelustigungen, die Tanzveranstaltungen, Maskeraden und Umzüge immer mehr aus. Bald wurde vom Dreikönigstag bis Aschermittwoch gefeiert.

Diese auf heidnisch-germanischen Riten beruhenden Vergnügungen – in Schwaben auch „Fasnet" genannt – haben ein kulinarisches Pendant: Man feierte nicht nur ausgiebig, sondern schlemmte ein letztes Mal, bevor die lange Buß- und Fastenzeit vor dem Osterfest begann.

500 g Mehl, 15 g Hefe, 50 g Zucker, knapp 1/4 Liter Milch, 1 Teelöffel Salz, 1 – 2 Eier, 50 – 80 g Butter, 250 g Schmalz

Das Mehl in eine Schüssel geben und warmstellen, die Hefe mit etwas Zucker und lauwarmer Milch verrühren. In der Mitte des Mehls eine Vertiefung machen, einen kleinen Teil des Mehls mit der Hefe und Milch zu einem dickflüssigen Vorteig anrühren, diesen leicht mit Mehl bestäuben und die mit einem Tuch bedeckte Schüssel warmstellen.

Nach ca. einer halben Stunde, wenn der Vorteig gut gegangen ist, stellt man den eigentlichen Teig her: Zucker, Salz und lauwarme Milch zum Vorteig geben und alles verrühren. Nun die erwärmten Eier, die zerlassene Butter und so viel Milch dazutun, daß ein zarter Teig entsteht, den man so lange knetet, bis er Blasen zeigt und sich vom Löffel und der Schüssel löst. Dann stellt man ihn wieder zum Aufgehen warm und bedeckt ihn mit einem Tuch.

Nach ca. 30 Minuten den Teig auf dem Nudelbrett etwa fingerdick auswellen, mit dem Backrädchen Vierecke ausschneiden und sie dann in heißem Schmalz backen, bis sie zartbraun sind.

Gespickte Feldhasenkeule

Viele Jäger sind des Hasen Tod. Dieses geflügelte Wort deutet schon an, wie geschickt und schnell sich der Hase zu bewegen weiß. Man sagt ihm sogar nach, er schlafe mit offenen Augen, weil er sich bei Gefahr ruhig verhält und scharf beobachtet. Auf der Flucht hat er schon so manchem Jäger einen Haken geschlagen. Mit seinen langen Hinterläufen erreicht er eine Geschwindigkeit von bis zu 80 Kilometer pro Stunde.

4 Hasenkeulen, 250 g Speck, 30 g Butter, Sellerie, 1 Zwiebel, 1 Karotte, Wacholderbeeren, schwarze Pfefferkörner, 1 Lorbeerblatt, Nelken, Rosmarin, Basilikum, 1 Glas roter Burgunder, saure Sahne, 1 Eßlöffel Gin, Rotwein, Salz

Zuerst die Hasenkeulen enthäuten und mit frischem Speck von oben nach unten spicken. Dann die Keulen in geklärter Butter auf beiden Seiten anbraten. Die Abgänge (Flexen, Haut, Knochen) sowie das in Würfel geschnittene Röstgemüse (Sellerie, Zwiebel, Karotte) gibt man dazu. Wenn alles Farbe genommen hat, ist es Zeit, die Gewürze zuzugeben: zerdrückte Wacholderbeeren, schwarze Pfefferkörner, das Lorbeerblatt, einige Nelken, Rosmarin und Basilikum. Dann mit rotem Burgunder ablöschen und etwas einkochen lassen. Der Fond kann auch mit Brühe verlängert werden. Die Hasenkeulen nun garschmoren, etwa 1½ Stunden. Anschließend die Keulen warmstellen. Die Sauce mit etwas saurer Sahne, Gin und Rotwein geschmacklich verbessern, wenn nötig mit in Rotwein angerührtem Kartoffelstärkemehl sämig binden und mit Salz nachwürzen. Dazu serviert man Spätzle, Preißelbeeren und Ackersalat.

Schwäbischer Filderrostbraten

Die Fildern sind die fruchtbaren, welligen Ebenen südlich von Stuttgart. Hier im Herzen Schwabens wird der Spitzkohl angebaut, der nach der Landschaft in Filderkraut umgetauft wurde. Zusammen mit einem zünftigen Rostbraten, vielen Schwaben lieber als alle kulinarischen Herrlichkeiten dieser Welt zusammen, ergibt der zu Sauerkraut verarbeitete Spitzkohl ein klassisches schwäbisches Essen.

4 Zwiebeln, 4 Rostbraten von je 200 g, Salz, Pfeffer, Öl und 4 Eßlöffel Butter.
Sauerkraut: 1 kg Sauerkraut, etwas geschnittene Zwiebeln, 100 g geräuchter Schweinebauch, 100 g Schweine- oder Gänseschmalz, Salz, Kümmel, weißer Pfeffer, Wacholderbeeren, etwas Brühe, Zucker, etwas Weißwein

Zwiebeln schneiden und in der Pfanne goldgelb rösten. Die Rostbraten klopfen, würzen und mit Öl bepinseln. Dann im Grill oder in der Pfanne zartrosa braten. Vorher hat man bereits mit der Zubereitung des Sauerkrauts begonnen. Zwiebeln und Speck in heißem Schmalz anrösten. Sind sie goldbraun, wird das Sauerkraut gezupft daraufgegeben. Dann würzen und umrühren. Etwas Brühe, Wasser oder Mineralwasser darübergeben und zugedeckt 1 bis 1½ Stunden kochen lassen, bis es ziemlich weich ist. Während der letzten Viertelstunde mit etwas Zucker nachschmecken und den Weißwein zugeben.

Das Sauerkraut dann in der Mitte einer großen Platte anrichten und den Rostbraten darauflegen. Der Rostbraten wird mit den Röstzwiebeln belegt. Dazu sollten Sie Spätzle reichen, die rundherum gelegt werden. Der Bratensaft sollte extra gereicht werden.

1904.

Filetspitzen aus der Pfanne

Daß ein gut zubereitetes Schweinefilet schon von sich aus für Gaumenfreuden sorgt, weiß jeder Gourmet. Doch läßt sich dieses Gericht noch verfeinern, wenn man Schalotten hinzufügt. Wem dieser Name nicht geläufig ist, kennt sie vielleicht als „Aschlauch". Der Begriff wurde nämlich vom französischen „échalotte" übernommen und hat diese mit dem Schnittlauch verwandte Gemüsepflanze in ganz Europa bekannt gemacht. Die Kreuzfahrer brachten sie übrigens aus Palästina und Kleinasien mit zu uns.

700—750 g Schweinefilet,
4 Scheiben geräuchter Bauchspeck,
50 g Bratfett,
2 feingeschnittene Schalotten,
150 g frische Champignons
in Scheiben, Senf, Ketchup,
je eine Prise Salz und Pfeffer,
Bratensaft oder -soße nach
Geschmack, 1 Eßlöffel Sauerrahm

Das Schweinefilet wird in feine Scheiben, der Bauchspeck in feine Streifen geschnitten. Den Speck nun in der Pfanne glasig dünsten, die feingeschnittenen Schalotten hinzufügen und nun erst die Filetscheiben. Das Ganze bei starker Hitze kurz angehen lassen, so daß alles von beiden Seiten angebräunt ist.

Nun wird das Bratfett etwas abgegossen, man fügt die Champignons hinzu und rührt Senf, Ketchup und die Gewürze je nach Geschmack hinein. Zum Schluß mit etwas Bratensaft oder -soße auffüllen. Vollendet wird das Gericht durch einen Eßlöffel Sauerrahm. Als Beilage reicht man Spätzle sowie frische Gartensalate.

Flädlesuppe

Dicke, schaumige Pfannkuchen kennen die Schwaben nicht. Schwäbische Pfannkuchen sind dünn, teigig und knusprig. Gefüllt werden sie mit Rosinen, Äpfeln oder Marmelade. Die ganz dünnen Pfannkuchen, durch die man quasi hindurchsehen kann, sind die Flädle. Flädle können auch zu Spargel und Kartoffelsalat gegessen oder mit Schinken, Hackfleisch, Nierle, Gemüse, Quark und Marmelade gefüllt werden.

***Für die Fleischbrühe:* 500 g Rinderbrust, 500 g Rinderbrustknochen, 3 halbe, an der Schnittfläche gut angeröstete Zwiebeln, 2 Karotten, 2 ganze Tomaten, etwas Sellerie, Lauch, Petersilienstiele, gekörnte Brühe, Salz, Muskatnuß. *Für die Flädle:* 1/4 Liter Milch, 200 g Mehl, Salz, 3 Eier, Schmalz zum Ausbacken**

Fleisch und Knochen mit kaltem Wasser bedecken, zum Kochen bringen, den ersten Sud abgießen, Knochen säubern und das Ganze nochmals in kaltes Wasser legen. Suppengemüse hinzugeben, 2 – 2½ Stunden köcheln lassen, Lauch und Zwiebeln erst in den letzten 30 Minuten hinzugeben. Abschmecken.
Für die Flädle die Milch leicht erhitzen, Mehl einrühren, etwas Salz zugeben und eine halbe Stunde stehen lassen. Dann die Eier aufschlagen und einrühren. Schmalz in der Pfanne bei großer Hitze zergehen lassen. Mit einer Schöpfkelle so viel Teig einfüllen, daß der Boden dünn bedeckt ist. Auf beiden Seiten goldgelb ausbacken. Heiß aufrollen, abkühlen lassen, in feine Streifen schneiden. Zum Servieren legt man die Streifen in die vorgewärmte Suppentasse, gießt die heiße Fleischbrühe darüber und streut frischen Schnittlauch darauf.

Gaisburger Marsch

Gaisburg ist heute ein Stadtteil von Stuttgart. Er hat dem schmackhaftesten schwäbischen Eintopf seinen Namen gegeben. Es gibt verschiedene Deutungen des Namens, eine davon haben wir in der Einleitung schon erzählt, eine andere lautet: Angeblich sollen die Männer von Gaisburg in einem Krieg gefangen genommen worden sein. Den Frauen wurde erlaubt, ihnen Essen zu bringen, jedoch nur eine Schüssel pro Mann. Damit ihre Männer nicht nur gut versorgt waren, sondern auch wieder zu Kräften kamen, wurde in die Schüssel alles hineingegeben, was gut und nahrhaft war.

500 g Suppenfleisch, 500 g Suppenknochen, eine halbe an der Schnittfläche geröstete Zwiebel, Sellerie, Gelbe Rübe, Petersilie und etwas gekörnte Brühe zur Geschmacksverstärkung, Pfeffer, Salz.
Für die Einlage: 500 g geschälte, rohe Kartoffeln, 3 Tassen handgeschabte Spätzle, eine feingehackte, in Butter gebräunte Zwiebel, etwas Schnittlauch

Fleisch, Knochen, Gemüse in einer Brühe ca. 2 Stunden weichkochen. Brühe durchseihen und leicht abwürzen. Kartoffeln in Würfel schneiden und in der Brühe langsam garen. Inzwischen das Suppenfleisch würfelig schneiden und ebenfalls in die Brühe geben. In einer Terrine anrichten, die Spätzle in Butter anschwenken und über das Fleisch und die Kartoffeln schichten. Die angebräunten Zwiebeln und frisch geschnittenen Schnittlauch darübergeben.

Gefüllte Kalbsbrust

Eine gefüllte Kalbsbrust für wenige Personen zu machen, ist problematisch, sie eignet sich eher für 12 – 15 Personen, denn erst dann lohnt sich der ganze Aufwand. Zudem wird hier auch ein wenig Erfahrung in der Kunst des Kochens verlangt, und man sollte nicht unbedingt versuchen, hiermit sein Erstlingswerk zu kreieren! Bedenken Sie bitte auch, daß die gefüllte Kalbsbrust ein ideales Festessen ist. Andererseits eignet sie sich hervorragend zum Einfrieren und schmeckt auch kalt aufgeschnitten delikat. Also – nur Mut, verehrte Leserin, geschätzter Leser – dieses Rezept gelingt Ihnen bestimmt!

3 kg Kalbsbrust.
Für die Füllung: 400 g Weißbrot oder 8 Brötchen ohne Rinde, 1/4 Liter Milch, 80 g Räucherspeck, 2 Zwiebeln, 50 g Butter, 3 Eßlöffel gehackte Petersilie, 3 Eier, 500 g Bratwurstbrät, je 1 Prise Salz, Pfeffer, Muskat, 2 Karotten, 1 Lauchstange, 1/2 Sellerieknolle, 2 Zwiebeln, 2 Eßlöffel Tomatenmark

Weißbrot oder Brötchen in Würfel schneiden, mit heißer Milch abbrühen. In Würfel geschnittenen Räucherspeck, klein geschnittene Zwiebeln in Butter anschwitzen und zugeben. Mit gehackter Petersilie, den Eiern, Bratwurstbrät auffüllen, mit Salz, Pfeffer, Muskat abschmekken. Alles gut vermengen, die Kalbsbrust füllen, zunähen, mit Salz und Pfeffer würzen. Im Ofen mit Kalbsknochen, Karotten, Lauchstange, Sellerieknolle und 2 halbierten Zwiebeln braten. Wenn die Kalbsbrust braun ist, mit Wasser ablöschen, Tomatenmark hinzufügen und unter häufigem Begießen knusprig braten.

Grießklößchen-suppe

Bloß Fleischbrühe und sonst nichts drin – das ist dem Schwaben denn doch zu „nacket". Er ist ein typischer Suppenesser, eben ein „Suppenschwob", wie wir ihn als einen der legendären sieben Schwaben wiedererkennen. Doch Scherz beiseite: die Fleischbrühe mag zwar seit Jahrhunderten bekannt sein, doch ihre schmackhafte Zubereitung und – in diesem Fall – die dazugehörigen Klößchen sind eine Kunst für sich.

40 g Butter, 1 Ei, 60 g Grieß,
je 1 Prise Salz und Muskat,
11/2 Liter Fleischbrühe

Die Butter schaumig rühren, dann das Ei, Grieß, Salz und Muskat zugeben. Das Ganze ca. 2 Stunden kaltstellen. Nun mit Teelöffeln längliche Klößchen formen und in die kochende Brühe legen – 5 Minuten kochen lassen, dann weitere 15 bis 30 Minuten ziehen lassen.

Gurkengemüse

Mindestens soviel wie das sprichwörtliche eigene Häusle bedeutet dem Schwaben sein eigenes Gärtle. Nicht weil er Gemüse, Früchte oder Kräuter selbst billiger zu erzeugen trachtet – in diesem Fall ist ihm ökonomisches Denken gleichgültig, zumal er weiß, daß diese Rechnung sowieso nicht aufgeht. Aber es ist eben der unbändige Hang zum Eigenen, etwas Eigenes schaffe, und man weiß außerdem, mit was gedüngt und schädlingsbekämpft wurde – oder nicht! Der eigene Garten hat auch Nachteile. Einer davon ist zweifellos der, daß die Früchte oft zur gleichen Zeit und in solchen Mengen reif werden, daß der Konsum zum Problem wird. Besonders aktiv können in dieser Hinsicht Gurken werden, aber mit folgendem Rezept – einem ungewöhnlichen, aber äußerst wohlschmeckenden – können Sie eine wirksame Gegenoffensive einleiten.

2 mittelgroße Gurken,
1 große Zwiebel,
Fett, 1 Eßlöffel Mehl, 1 Tasse
Sauerrahm, wenig Wasser, Salz

2 mittelgroße Gurken werden geschält (von der Spitze zum Stiel) und in dünne Scheiben gehobelt. Nun dünstet man eine große, feinzerkleinerte Zwiebel in Fett glasig, zusammen mit den Gurken. Dann rührt man 1 Eßlöffel Mehl mit einer Tasse Sauerrahm glatt an, verdünnt mit wenig Wasser und gibt dies an die vorgedünsteten Gurken. Man würzt leicht mit Salz und läßt die Gurken vollends weichkochen. Zubereitungszeit 15 – 20 Minuten. Dazu passen am besten Rote Würste, gekocht oder gebraten, und Spätzle.

Hasenpfeffer

„Wer viel Pfeffer ißt, der wird unkeusch, und Frauen, die ihn nutzen, werden unfruchtbar." So kann man es in alten Büchern lesen. Allen Warnungen zum Trotz gehört der Pfeffer seit rund 4000 Jahren zu den beliebtesten aller Gewürze. Nicht nur die Genießer schätzen ihn, sondern auch die Händler. So hielt sich Venedig in seiner Glanzzeit eine Pfefferflotte von 3000 Schiffen mit 30 000 Matrosen. Die „Pfeffersäcke", wie die Händler genannt wurden, schlugen in guten Zeiten sechshundert bis eintausend Prozent auf den Einkaufspreis. Heute ist der Pfeffer kein teures Vergnügen mehr, er ist preiswert geworden. Die aromatischen schwarzen oder auch weißen Körner eignen sich vorzüglich für Wildgerichte. Sie geben ihnen die letzte Würze.

1500 g Hasenklein.
Für die Marinade: 3/4 Liter Rotwein,
2—3 in Würfel geschnittene Zwiebeln,
1 Sellerie, 5 Karotten,
5—7 Wacholderbeeren,
1 Lorbeerblatt, 1—2 Nelken und
einige schwarze Pfefferkörner.
50 g Butter, 1 Eßlöffel Tomatenmark,
2—3 Eßlöffel Mehl, Salz,
Rotwein, Zitronensaft

Das Tier abziehen und zerlegen. Aus Vorderläufen, Hals, Brust etwa 3 cm große Stücke mit Knochen hacken. Waschen und in die aus den Zutaten gefertigte Marinade 12 Stunden einlegen. Abseihen, Marinade auffangen, in einer Kasserolle in Butter die Fleischstücke und das Röstgemüse andämpfen. Etwas Tomatenmark zugeben, mit Mehl bestäuben und mit Marinade auffüllen. Eine Stunde schmoren lassen. Wenn möglich etwas Hasenblut dazugeben, nicht mehr aufkochen lassen. Fleischstücke herausnehmen, Soße über das Fleisch passieren. Mit Salz, Rotwein und Zitronensaft abschmecken.

Hefeknöpfle

„Der echte Schwabe hat: montags Nudle, dienstags Hutzle, mittwochs Knöpfle, donnerstags Spätzle, freitags gedämpfte Grundbirn, samstags Pfannkuchen, sonntags Brätle und Salätle" – getreu dieser Behauptung aus Webers „Demokrit" dürfte man Knöpfle also nur am Mittwoch auf den Tisch bringen. Doch am besten läßt man sich davon nicht beeindrucken, sondern bereitet diese kleinen Knödel dann zu, wenn man Appetit darauf hat – und das könnte durchaus öfters als nur mittwochs der Fall sein.

30 g Hefe, 1/4 Liter Milch, 500 g Mehl,
1 Prise Zucker, 1 Ei, 1 Prise Salz,
50 g Butter, Salzwasser,
Semmelbrösel, 30 g Butter

Die Hefe zerbröckeln und in einer kleinen Schüssel mit 5 Eßlöffeln lauwarmer Milch, 3 Teelöffeln Mehl und 1 Prise Zucker verrühren. Zugedeckt an einem warmen Ort gehen lassen. Die restliche Milch und das Mehl in eine Schüssel geben, das Ei, Salz, Butter und den gegangenen Hefeteig zufügen und alles zu einem Teig verarbeiten

Den Teig mit einem Küchentuch bedecken und ca. 15 Minuten gehen lassen. Nun 8 – 10 Knöpfle formen, die man nochmals kurz ruhen läßt, um sie dann in siedendem Salzwasser ca. 20 Minuten garziehen zu lassen. Die Semmelbrösel nun in der Butter bräunen und über die fertigen Klöße geben.

Die Hefeknöpfle werden gern zu Sauerkraut, Bohnen und Linsen gereicht.

Schwäbische Hirnsuppe mit Eierstich

„Leber, Lunge / Herz und Zunge / Bries und Hirn / Milz und Nier'n / Fleck und Magen / Hat noch jeder gut vertragen!" Getreu diesem alten Metzgerspruch sollten Sie sich einmal an das Außergewöhnliche wagen: All diese Innereien haben ihre Küchenmeister gefunden, nicht zuletzt das Hirn, das, richtig zubereitet, unter Kennern als besondere Delikatesse gilt.

Für die Suppe: 1 kg Kalbsknochen, 1/2 Sellerieknolle, 1 Lauchstange, 1 Karotte, 1 Zwiebel, 1 Lorbeerblatt, 2 Nelken.
Für das Hirn: 250 g Kalbshirn, 1/2 Liter Wasser, 1 Prise Salz, je 1 Schuß Essig und Weißwein, 1 Zwiebel, 1 Lorbeerblatt, 1 Nelke.
Für den Eierstich: 2 Eier, 1/8 Liter Milch, 1 Prise Salz, 1 Messerspitze Muskat.
80 g Butter, 1/2 feingehackte Zwiebel, 30 g Mehl, 2 Eigelb, 1/8 Liter Sahne, 1 Prise Salz, 1 Schuß Weißwein

Aus Kalbsknochen, Gemüse, Gewürzen eine kräftige Brühe kochen. Das Kalbshirn 30 Minuten wässern, Haut abziehen, in einem Sud aus Wasser, Salz, Essig, Weißwein, Zwiebel, Lorbeerblatt und Nelke garen. Den Eierstich zubereiten: Die Zutaten gut verrühren, in einer Tasse im Wasserbad kochen, bis eine feste Masse entsteht. Herausnehmen, in kleine Würfel schneiden. 80 g Butter mit der halben feingehackten Zwiebel angehen lassen, 30 g Mehl dazurühren. Diesen Ansatz abkühlen lassen und mit 1 Liter der heißen Brühe auffüllen, glattrühren und ca. 20 Minuten kochen lassen. Das gegarte Hirn feinhacken und der Suppe zusammen mit dem Eierstich beigeben. Zum Schluß mit 2 Eigelb und 1/8 Liter Sahne binden, mit Salz und Weißwein abschmecken.

Hutzelbrot

Hutzel ist ein altes Wort für Dörrobst, und ein Hutzelmännlein ist ein aus Dörrobst zusammengestecktes Männchen. Das Stuttgarter Hutzelmännlein ist die Gestalt eines von Eduard Mörike 1853 verfaßten Prosamärchens, in dem es heißt:

Ein Kobold gut bin ich bekannt
in dieser Stadt und weit im Land;
das Hutzelbrot hab ich erdacht,
auch viel seltsame Streich gemacht.

500 g getrocknete Birnen,
500 g getrocknete Zwetschgen,
500 g Feigen, 500 g Mehl, 40 g Hefe,
125 g Zucker, Messerspitze Salz,
30 g Zimt, 1 Eßlöffel Anis,
1 Eßlöffel Kirschwasser,
500 g Rosinen, 250 g gehackte Haselnüsse,
250 g gehackte Mandeln,
50 g Zitronat, 50 g Orangeat

Birnen und Zwetschgen über Nacht einweichen. Die Zwetschgen entsteinen, die Birnen ca. 20 Minuten im Einweichwasser aufkochen, dann über die Zwetschgen und Feigen gießen. Einige Stunden auskühlen und ziehen lassen. Früchte in kleine Würfel schneiden. In das Mehl eine Vertiefung drücken und mit der in etwas erwärmtem Schnitzwasser angerührten Hefe einen Vorteig mengen. Nach dem Aufgehen des Vorteigs sämtliche Zutaten beifügen und einen festen Teig kneten, falls nötig, unter Zumischen etwas erwärmten Schnitzwassers. Mit Mehl bestäuben und warmstellen, bis sich kleine Risse zeigen. Dann Laibe formen und über Nacht stehenlassen. Bei 200° C ca. 1 – 1½ Std. backen. Mit Schnitzwasser bestreichen und einige Tage stehenlassen. Mit etwas Butter bestrichene Hutzelbrotscheiben schmecken wunderbar zu Kaffee oder Tee.

Jägersuppe

Im Volksmund sagt man, daß, wer gut esse, auch ein gutes Gedächtnis habe. Es wird daher keinem wirklichen Schlemmer schwerfallen, sich ab August daran zu erinnern, daß nun die Schonzeit für Hirsche vorüber ist und sie jetzt nicht nur am kräftigsten, sondern auch am schmackhaftesten sind. Nicht umsonst wird nämlich in diesen Tagen das Fest der Jagdgöttin Diana begangen.

20 g Mehl, Bratfett, 2 in Würfel geschnittene Zwiebeln, 1 Schuß Kräuter-Weinessig, 1/8 Liter Rotwein, 1/2 Liter Brühe, Tomatenmark, Gewürzbeutel mit gestoßenen Wacholderbeeren, Nelken, Pfeffer, Lorbeer, Majoran, Thymian und Rosmarin, 500 g Wildaufbruch (Innereien von Reh, Hirsch, Wildschwein oder Gams), Salz, Pfeffer, Paprika, 250 g Champignons, ein Schuß Wacholderschnaps

Mehl in Bratfett hellbraun rösten, in Würfel geschnittene Zwiebeln dazugeben, mit einem Schuß Kräuter-Weinessig und kräftigem Rotwein ablöschen, mit Brühe auffüllen und kochen lassen. Etwas Tomatenmark dazugeben und mit dem Gewürzbeutel abschmecken. Die Innereien (möglichst Herz, Zunge oder Lunge) in Streifen schneiden, anbraten und mit Salz, gemahlenem Pfeffer und Paprika würzen. Dann in die Suppe geben und bis zum Garpunkt darin schmoren lassen. Die Champignons in Streifen schneiden, in die Suppe geben und das Ganze mit dem kräftigen Rotwein und einem Schuß Wacholderschnaps abschmecken. Es können auch noch Leber und Nieren angebraten und dazugegeben werden.

Kaffeeküchle

So wie die Männer gerne zu einem Dämmerschoppen mit einem Viertele Wein, einer Laugenbrezel, einem Wurstsalat zusammensitzen und diskutieren, so lieben auch die Frauen einen nachmittäglichen Schwatz bei Kaffee und Kuchen oder Backwerk. Das ist in Schwaben nicht anders als anderswo auch. Eine besondere Ehre aber legen Sie sicher bei Ihrem Kaffeekränzle mit etwas Selbstgebackenem ein, und vielleicht probieren Sie es beim nächsten Treffen einmal mit unseren Kaffeeküchle.

1/4 Liter Milch, 60 g Butter, 1 Prise Salz, 125 g Mehl, 4 Eier, 30 g Zucker, 1/4 Liter Schlagrahm

Die Milch, Butter und das Salz werden zum Kochen gebracht, das gesiebte Mehl auf einmal hineingegeben und gut gerührt, bis sich die Masse zu einem Kloß zusammenballt. Den Topf nun vom Herd nehmen, sofort 1 Ei und den Zucker darunterrühren. Nach dem Abkühlen die restlichen Eier unterrühren.

Nun nimmt man mit 2 Eßlöffeln Klöße ab, setzt diese auf ein zuvor gefettetes Blech und backt sie bei guter Hitze ca. 35 Minuten aus. Nach dem Erkalten werden sie mit Schlagrahm gefüllt und gezuckert.

Kalbslendchen in Morchelrahm

Die Legende berichtet uns, daß von alters her bei fast allen Völkern der Frühlingsanfang mit einem guten Gericht gefeiert wurde, bei dem das Kalbfleisch eine besondere Rolle spielte. Wie aber der Frühlingsanfang zum Kalb kam, kann heute niemand mehr sagen, und es sollte auch kein Grund sein, zu anderen Jahreszeiten auf diesen Schmaus zu verzichten.

8 Kalbslendenscheiben zu je 80 g,
Salz und Pfeffer zum Würzen,
100 g Butter,
20 g (getrocknete) Morcheln,
1 Zwiebel oder 3 Schalotten,
1/8 Liter Weinbrand, 1/4 Liter süße Sahne, 1/8 Liter Weißwein

Die Kalbslendchen werden leicht geklopft, dann mit Salz und Pfeffer gewürzt und in der Butter auf beiden Seiten angebraten. Die in Wasser eingeweichten und ausgewaschenen Morcheln feinhacken und dem Fleisch beifügen, gleichzeitig die feingehackte Zwiebel oder die Schalotten hinzutun.

Nun mit dem Weinbrand ablöschen und das Ganze flambieren, dann mit der Sahne auffüllen und den Weißwein beigeben. Das Fleisch läßt man noch kurz in der Soße mitschmoren, nimmt es dann heraus und schmeckt die Soße mit Salz und Pfeffer nochmals ab. Dazu reicht man Spätzle.

Kalbsschlegel mit Rahmsoße

Was der Bauer net kennt, des frißt er net, so lautet ein altes schwäbisches Sprichwort. Und der Graf Gottfried Werner von Zimmern war bekannt dafür, daß er mit Essen und Trinken „nicht köstlich war und nichts nach fremden Speisen fragte". Die Zimmersche Chronik, wahrscheinlich auf der Burg Zimmern bei Rottenburg am Neckar im 16. Jahrhundert verfaßt, charakterisiert schon einen grundsätzlichen Wesenszug der Schwaben, auch in der Küche allem Neuartigen und Fremdländischen mißtrauisch gegenüberzustehen. Keine Bedenken hätte der Graf von Zimmern sicherlich bei diesem Rezept gehabt.

1 kg Kalbfleisch, Salz, Pfeffer, 1 Zwiebel, 1 Zitrone, Lorbeerblatt, Wacholderbeeren, Pfefferkörner, 3/4 Liter Essig, 30 g Butter, 2 Eßlöffel Mehl, Fleischbrühe, 1/8 Liter saurer Rahm, 1 Röhrchen Kapern

Das Kalbfleisch wird gehäutet, mit Salz und Pfeffer eingerieben. Nun schneidet man Zwiebel und Zitronenrädchen ohne Kerne und legt sie mit dem Schlegel in eine Schüssel, gibt auch ein Lorbeerblatt, einige Wacholderbeeren und Pfefferkörner dazu und übergießt mit Essig. So läßt man das Fleisch einige Stunden stehen, nimmt es dann heraus und brät es in Butter mit den Gewürzen zu schöner Farbe, gießt auch von dem Essig an die Soße. In einem kleinen Topf röstet man inzwischen zwei Löffel Mehl mit der Butter hellbraun, gießt Fleischbrühe daran und läßt das Ganze aufkochen, rührt dann die Bratensoße hinzu wie auch eine Tasse sauren Rahm. Die dickliche Soße noch durch ein Sieb geben und ein Röhrchen Kapern hinzufügen.

ROSTFREI
SOLINGEN

Kartäuserklöße

Die Mönche des Kartäuserordens verstanden es nicht nur, einen köstlichen Likör anzusetzen, sondern sorgten auch neben diesen geistigen Genüssen für ihr leibliches Wohl. Der vom Heiligen Bruno von Köln gegründete Orden hatte im 16. Jahrhundert seine Blütezeit. Damals gab es über 200 Klöster, die vom Stammhaus, der Grande Chartreuse (Kartause), geführt wurden. Vielleicht wußten die Mönche deshalb so schmackhafte Gerichte zu kreieren, weil jeder für sich in einem kleinen Einzelhaus innerhalb der Kartause lebte und viel Zeit zum Nachdenken hatte.

4 alte Milchbrötchen, 4 Eier,
etwas Vanillezucker, 1/2 Liter Milch,
Salz, Semmelbrösel,
Backfett, Zimt, Zucker.
Für die Weinschaumsoße:
4 Eigelb, 100 g Zucker,
1/4 Liter trockener Weißwein

Die Milchbrötchen werden geteilt und ihre Rinde mittels einer Reibe abgerieben. Die verquirlten Eier und etwas Vanillezucker der Milch beigeben und die Brötchen darin einlegen. Nun so lange darin ziehen lassen, bis sie gut durchgefeuchtet sind. Anschließend aus den eingeweichten Brötchen eiförmige Klöße formen. Dabei drückt man sie leicht aus, wälzt sie in Semmelbröseln und backt sie goldgelb aus. Am besten eignet sich dafür eine Friteuse, weil die Klöße schwimmen sollten.

Zum Schluß werden die Klöße in einer Zimt-Zucker-Mischung gewendet.

Hierzu reicht man eine warme Weinschaumsoße, die wie folgt zubereitet wird:

Eigelb und Zucker in einer Schüssel schaumig rühren und den Weißwein langsam hinzugeben. Die Schüssel in ein heißes Wasserbad stellen und mit dem Schneebesen zu einer schaumigen Crème schlagen.

Saure Kartoffelrädle

Ferdinand Pizarro, der spanische Eroberer, lernte 1526 die Kartoffel bei den Inkas kennen. Über Italien kamen sie dann nach Deutschland und England. Ab 1585 wurden ihre Stauden als besondere Kuriosität in den botanischen Gärten von Nürnberg, Frankfurt und Breslau gezüchtet. Bis zur Französischen Revolution blieben die Kartoffeln eine Delikatesse der Reichen.

In Deutschland machte Friedrich der Große aus der Not eine Tugend. Während einer großen Hungersnot befahl er seinen Bauern in Pommern und Schlesien den Kartoffelanbau. Vor allem die Schwaben haben sich erst unter dem äußersten Zwang des Hungers mit der Kartoffel arrangiert. Dann allerdings erfanden sie auch besonders raffinierte Zubereitungsweisen, zu deren bemerkenswertesten die sauren Kartoffelrädle gehören.

1 kg Kartoffeln, 30 g Fett, 50 g Mehl, 1 Eßlöffel geschnittene Zwiebeln, 3/4 Liter Wasser, 1 Prise Salz, 3 Eßlöffel Essig, nach Belieben 1 Nelke, 2 Lorbeerblätter, etwas Liebstöckel

Die Kartoffeln kochen und in Scheiben schneiden. Aus dem Fett, Mehl und den Zwiebeln eine Einbrenne herstellen, die mit Wasser und den anderen Zutaten aufgefüllt wird und anschließend noch 25 Minuten durchkochen muß. Nachdem das Lorbeerblatt und die Nelke herausgenommen sind, werden die warmen Kartoffelscheiben beigefügt und noch kurze Zeit gekocht. Dazu passen Saitenwürstle oder Rote Würste. Es soll auch Schwaben geben, die zu diesem Gericht noch Spätzle servieren, aber das ist nicht die Regel.

J.T.

Kartoffelsalat

Die Schwaben, als fleißiges Volk bekannt, gelten auch als große Erfinder. Es wird ihnen nachgesagt, sie hätten auf den Liberalismus, das Mineralwasser, die Spätzle, das Auto, den Zeppelin, Herrn Einstein und den Kartoffelsalat Urheberrechte. Für den Kartoffelsalat hat jede Schwäbin ihre eigene Sorte, auf keinen Fall diejenige, die der Preußenkönig Friedrich der Große vor 200 Jahren in Deutschland heimisch machte. So wird der Salat von Fall zu Fall eher breiig, eher fest in der Konsistenz. Angeblich sollen viele Schwaben, wenn sie aus den Ferien in ihr Ländle zurückkehren, als erstes auf einen zünftigen Kartoffelsalat Appetit verspüren. Ich kenne einen bekannten schwäbischen Publizisten, der mir einmal hinter vorgehaltener Hand zuflüsterte: „Ich kann's ja kaum offiziell gestehen, aber es ist nun mal so: Mein Lieblingsgericht ist gebackener Leberkäs mit Kartoffelsalat!" Dazu noch ein kühles Bier, Mensch – was willst Du mehr!

8 mittelgroße Salatkartoffeln,
1 Zwiebel, 10%iger Weinessig, Salz,
Sonnenblumenöl,
weißer gemahlener Pfeffer,
etwas warme Fleischbrühe

Die Kartoffeln in der Schale weichkochen, dann pellen und auf Handwärme abkühlen lassen. Nun werden sie in dünne Scheiben geschnitten und die feingehackte Zwiebel hinzugefügt. Aus Essig, Salz, Öl, dem Pfeffer und etwas warmer Fleischbrühe eine Marinade bereiten und zu den Kartoffeln geben. Gut durcheinandermengen. Der Salat muß schön feucht sein.

Schwäbische Kartoffelsuppe

In einem Wochenspeiseplan einer Tübinger Unterstadtfamilie aus dem 19. Jahrhundert lesen wir unter Samstag: „Gaisburger Marsch oder Kartoffelgemüse (für den Vater gibt es eine rote Wurst dazu)." Da auch für den Sonntag nur Suppe, Sauerkraut und Spätzle vorgesehen war, sieht man, wie hart damals die Zeiten auch im schwäbischen Ländle waren. Obwohl sich dies inzwischen grundlegend geändert hat, erfreut sich die Kartoffelsuppe wieder steigender Beliebtheit, und man kann es sich heute auch leisten, für alle Familienmitglieder entweder die typischen Saitenwürstle oder Rote Würste beizugeben.

500 g Kartoffeln, 3 große Gelbe Rüben, 30 g Fett, 1 große Zwiebel, 1 Bund Petersilie, 2 Eßlöffel Mehl, Fleischbrühwürfel, Salz, Pfeffer, 2 Scheiben Toastbrot, etwas Fett extra, 2 Paar Saitenwürstle oder 2 Rote Würste, Petersilie zum Bestreuen

Die rohen Kartoffeln und Rüben schälen und würfeln. In dem zerlassenen Fett dämpft man die feingeschnittene Zwiebel, die gehackte Petersilie, die Kartoffeln und die Gelben Rüben. Das Mehl überstäuben und kurz weiterdämpfen. Danach mit 2 l Wasser ablöschen und vierzig Minuten durchkochen lassen.
Nun wird die Suppe durch ein Sieb passiert, wieder in den Kochtopf zurückgegeben und noch einmal heiß gemacht, dabei Fleischbrühwürfel, Salz und Pfeffer zugeben und abschmecken. Toastscheiben in kleine Würfel schneiden und in Fett rösten. Die Suppe anrichten. Die in Stücke geschnittenen Saitenwürstle zugeben und Petersilie darauf streuen.

Schwäbischer Käsekuchen

Die Römer, bekannt als ausgesprochene Genießer und Kenner ausgefallener Speisen, behaupteten, daß man den Stand der Kultur bei vielen Völkern an ihrer Beziehung zum Käse ablesen könne. Allen Barbarenvölkern sei gemeinsam, daß sie nichts vom Käse verstünden. Uns Germanen konnten sie das freilich nicht vorwerfen, denn wir kannten die geheimen Rezepturen der Käsezubereitung. Allerdings soll es damals Käsearten gegeben haben, die noch intensiver und gehaltvoller „gerochen" haben als viele unserer heutigen. Beim Käsekuchen ist das allerdings ganz anders: Hier geht es nicht um den Geruch, sondern um den Geschmack.

Für den Mürbeteig: 300 g Mehl, 150 g Butter, 80 g Zucker, 1 Prise Salz, 1 Ei.
Für die Käsemasse: 6 Eier, 250 g Zucker, 500 g Quark (20% Fett), 1/8 Liter Sauerrahm, 1 Prise Salz, 1 Zitrone, 50 g Mondamin, 80 g Rosinen, 100 g Butter

Die Zutaten des Mürbeteigs zu einer festen Masse verkneten und kühl ca. 1 Stunde ruhen lassen. Inzwischen die 6 Eigelbe mit dem Zukker schaumig rühren. Dann den Quark, den Sauerrahm und die Prise Salz beigeben. Anschließend den Saft und die Schale (abgerieben) der Zitrone sowie das Mondamin, die Rosinen und die geklärte Butter einrühren. Ganz zum Schluß die 6 zu Schnee geschlagenen Eiweiß untermengen.

Nun wird die Masse in das mit dem Mürbeteig ausgelegte Backblech eingefüllt und bei 220 Grad etwa 40 Minuten gebacken. Dann nimmt man den Kuchen für 10 Minuten heraus, läßt ihn stehen und stellt ihn anschließend nochmals für 10 Minuten in die Röhre.

Käsespatzen

Es gibt Dutzende von Rezeptkombinationen, die mit Spätzle möglich sind. Eine der verbreitetsten und auch eine der wohlschmeckendsten sind zweifelsohne die Käsespatzen oder Käseknöpfle, die vor allem im Allgäu und im schwäbischen Oberland auf den Tisch kommen. Dort gelten sie – nicht zu Unrecht – sogar als ausgesprochenes Festessen. Wer sich übrigens das Handschaben der Spätzle nicht zutraut, was immerhin eine gewisse Übung erfordert, der kann sie auch mit einem sogenannten Spatzendrücker herstellen oder noch einfacher sie gar fabrikfertig kaufen. Hierbei laufen Sie allerdings Gefahr, und darauf muß hingewiesen werden, daß Ihnen diese Erzeugnisse mit dem Attribut „Faule-Weiber-Spätzle“ versehen werden.

500 g Mehl, 3 Eier, 2 Teelöffel Salz, 1/4 Liter Wasser, 2 Eßlöffel Butter, 100 g geriebener Käse, geröstete Zwiebelstückchen

Aus Mehl, Eiern, Salz und Wasser einen festen, glatten Teig herstellen (siehe Spätzle) und ihn möglichst schnell durch ein großlöchriges Sieb in reichlich kochendes Salzwasser drücken. Die Spatzen erst nach dem Aufkochen herausfischen. Die Butter erhitzen und im Wechsel eine Schicht Spatzen und eine Schicht Käse zufügen. Bei geringer Hitze ziehen lassen und mit gerösteten Zwiebelstückchen darüber sofort anrichten. Wichtig ist, daß die Käsespatzen heiß auf den Tisch kommen, weil sonst die Speise an Wohlgeschmack verliert. Es müssen also alle Gäste oder Familienmitglieder bereits am Tisch sitzen, wenn Sie die Käsespatzen auftragen. Es ist alter Brauch, daß alle Anwesenden aus einer Schüssel essen.

0,25 l
0,25 l

Krautrouladen von Filderkraut

Den Kohl haben anscheinend wir Deutschen erfunden. Schon zur Jungsteinzeit sollen alle möglichen Kohl- und Krautarten außerordentlich beliebt gewesen sein. Ob nun als Weiß- oder Rotkohl, als Blumenkohl oder Wirsing – stets verstand es die germanische Hausfrau, davon eine schmackhafte Speise zu bereiten. Diese gute Sitte hat sich bis in unsere heutige Zeit erhalten. Besonders variantenreich wird der Kohl, das Kraut in der schwäbischen Küche verwendet.

1 mittelgroßer Weißkohl,
Salzwasser zum Abkochen,
250 g gekochtes Fleisch,
2 eingeweichte Brötchen, 1 Ei,
1 geriebene Zwiebel, Salz, Pfeffer,
Fett und Speck zum Schmoren,
1/8 Liter Wasser, etwas Tomatenmark,
1/8 Liter saure Sahne

Die abgelösten Kohlblätter werden in kochendem Salzwasser kurze Zeit gekocht. Die dicken Rippen herausschneiden. Aus dem durchgetriebenen Fleisch, den Brötchen, dem Ei, der Zwiebel und den feingehackten Kohlresten wird dann die Füllung hergestellt und mit Salz und Pfeffer gewürzt.

Nun werden die einzelnen Kohlblätter mit dieser Füllung belegt, gerollt, eingeschlagen und gebunden. Jetzt die Rouladen von allen Seiten anbräunen. Dann Wasser zugeben und etwa 20 Minuten im Speck schmoren lassen. 5 Minuten vor dem Anrichten wird etwas Tomatenmark und saure Sahne zugegeben. Die Soße kann nach Belieben mit Wasser verlängert werden.

Frische Krebse im Gemüsesud

Es gibt zwei Möglichkeiten, Krebse zuzubereiten, die je nach Temperament und Empfindsamkeit wahrgenommen werden sollten. Einmal können Sie die Krebse von Anfang an selbst zubereiten. Das ist aber nichts für sanfte Gemüter, denn die gewaschenen Krebse werden lebend in sprudelnd kochendes Salzwasser gegeben. Da ist es vielleicht angenehmer, sie schon abgekocht beim Feinkosthändler zu beziehen.

Für den Fischfond:
Abfälle (am besten Gräten)
von Seezunge und Steinbutt,
2 Stangen Lauch,
2 Sträußchen Petersilie, 2 Karotten,
6 Schalotten, 1 Bund Dill,
2 Gläser trockener Weißwein.
20 Krebse, 4 dünne Stangen Lauch,
4 kleine Karotten, 4 Eßlöffel Butter,
1 Eigelb

Die Fischfondzutaten mit Wasser aufsetzen und 20 Minuten köcheln lassen, dann abseihen. Nun die Krebse hineingeben und ca. 3–4 Minuten ziehen lassen, anschließend die Schwänze aus dem Panzer brechen. Die zwei schönsten Krebsvorderteile zur Seite legen. Das Weiße der Lauchstangen in feinste Streifen schneiden, Karotten in Streifen hobeln und beides jeweils eine Minute in stark gesalzenes, kochendes Wasser geben und danach sofort in Eiswasser abschrecken. Nun einen großen Schöpflöffel Fischfond auf die Hälfte einkochen und die 4 Eßlöffel Butter hineinarbeiten. Schließlich am Herdrand (die Soße darf nicht zu heiß werden, weil sie sonst gerinnt!) ein Eigelb mit dem Schneebesen hineinschlagen, bis die Soße schaumig wird. Über die auf einem vorgewärmten Teller hinter den Krebsvorderteilen aufgehäuften Krebsschwänze und Gemüsestreifen gießen. Sofort servieren.

Saure Kutteln

Der heutige Begriff Kutteln blickt auf eine lange sprachliche Tradition zurück. Aus dem lateinischen calduna (Eingeweide) wurde im Deutschen Kaldaunen. Die Schwaben machten dann einfach ihre Kutteln daraus. Auch in anderen Landstrichen kennt man Kutteln. Da heißen sie nur anders. In Königsberg zum Beispiel nennt man sie Fleck.

Kutteln werden zubereitet aus dem gereinigten und gebrühten Vormagen der Wiederkäuer, vornehmlich des Rindes. Das Fleisch wird in Streifen geschnitten und meist mit saurer Soße zubereitet. Übrigens: Kutteln mag noch lange nicht jeder Schwabe, für viele aber ist dieses „Arme-Leut-Essen" eine ausgesprochene Leibspeise.

5 mittlere Zwiebeln, 100 g Fett,
800 g gekochte und in feine
Streifen geschnittene Kutteln,
Tomatenmark, etwas Mehl,
1/2 bis 3/4 Liter Rotwein,
1 Lorbeerblatt,
4 Wacholderbeeren, etwas
Zitronenschale, Brühe, Salz, Pfeffer

Zuerst die Zwiebeln in heißem Fett andünsten, dann die geschnittenen Kutteln dazugeben und mit anrösten. Nach einigen Minuten Bratzeit etwas Tomatenmark hinzufügen und Farbe nehmen lassen.

Nun das Ganze mit Mehl bestäuben und mit Rotwein ablöschen. Das Lorbeerblatt und die Wacholderbeeren zugeben, etwas abgeriebene Zitronenschale beifügen und etwa – je nach Weichheit der Kutteln – ½ bis ¾ Stunde in der fertigen Soße ziehen lassen. Dann mit etwas Brühe auffüllen und abschmecken. Nur so viel auffüllen, daß ein goulaschartiges Gericht entsteht. Dazu Röstkartoffeln und grünen Salat reichen.

Bietigheimer Laubfrösche

Das Rezept hat seinen Namen einmal von der fast 1200 Jahre alten Stadt Bietigheim an der Enz, wo man offensichtlich die Laubfrösche besonders gern ißt. Den anderen Namen gab das grüne Aussehen der Spinatblätter und die Froschform, mit der man früher die Laubfrösche formte. Eine Bietigheimer Erfindung müssen die Laubfrösche allerdings nicht unbedingt sein, denn schon im „Augsburgischen Kochbuch", das 1801 erschien, ist eine Anleitung enthalten „Laubfrösche zuzubereiten". Hier werden als Zutaten Spinat und Mangold erwähnt, die in Röllchen zusammengebunden in eine Froschform gedrückt und dann gedämpft werden. Wichtig ist, daß die Laubfrösche beim Andämpfen ihre grüne Farbe an der Oberseite behalten, weshalb sie nicht gewendet werden sollen.

16 große Spinatblätter,
250 g Bratenreste, 1 Wecken, 1 Ei,
1 Teelöffel feingehackte Zwiebel,
1/2 Teelöffel feingehackte Petersilie,
Salz, Muskat, 50 g Fett,
etwas Fleischbrühe

Die Spinatblätter werden in kochendem Wasser gebrüht und dann auf einem Brett ausgebreitet. Das Fleisch und die eingeweichte, gut ausgedrückte Semmel drehen Sie durch den Fleischwolf, fügen das Ei, Zwiebel, Petersilie, Salz und Muskat hinzu und verrühren die Zutaten gründlich miteinander. Auf je 2 Spinatblätter wird 1 Eßlöffel Fülle gegeben. Rollen Sie die Blätter auf und braten Sie die Spinatrollen in dem heißen Fett an. Fügen Sie etwas Fleischbrühe hinzu und dämpfen Sie die Rouladen in etwa 20 Minuten gar.

Schwäbische Leberklöße

„Leber auf glühende Kohlen legen, so wird der Teufel vertrieben werden." Innereien schrieb man ganz früher aber nicht nur erfolgversprechende Wirkung im Kampf gegen den Teufel, sondern auch eine heilende Wirkung zu. So sollen im 17. und 18. Jahrhundert Patienten in die Eingeweide eines frisch geschlachteten Ochsen gewickelt worden sein. Vor allem Geschlechtskrankheiten meinte man dadurch kurieren zu können.So ist es uns jedenfalls überliefert. Zwar werden sie heute in dieser Funktion nicht mehr verwandt, doch als leckeres Essen können Leber und andere Innereien wahre Wunder vollbringen. Denn bekanntlich geht nicht nur die Liebe durch den Magen, sondern auch eine gute Portion des allgemeinen Wohlbefindens.

5 Wecken, Milch, 500 g Rinderleber, 2 Zwiebeln, 100 g Speck, 4 Eier, Petersilie, Salz, Pfeffer, Muskat, Mehl, Fleischbrühe

Die Wecken in lauwarmer Milch einweichen. Ausdrücken, wenn sie gut durchgezogen sind. Dann mit der Rinderleber, zwei kleingewürfelten angeschwitzten Zwiebeln und dem Speck durch den Fleischwolf drehen (kleine Scheibe). Mit den 4 ganzen Eiern, der feingehackten Petersilie, Salz, Pfeffer und Muskat und einer entsprechenden Menge Mehl zu einer haltbaren Masse verarbeiten. Ist der Teig zu locker, etwas Semmelbrösel beigeben.

Die Knödel formen und in der Fleischbrühe etwa 25 Minuten ziehen lassen. Auf Sauerkraut anrichten und mit etwas Zwiebelbutter übergießen. Dazu Spätzle reichen.

Leberspätzle

Spätzle sind das Leib- und Magengericht, sozusagen die Nationalspeise der Schwaben. „Sie sind das Fundament unserer Küche, der Ruhm unseres Landes, der Prüfstein für die hausfrauliche Ehrbarkeit der Schwäbinnen und den Auslandsschwaben eine handfeste Stütze ihres Heimatgefühls … Spätzle 'mache' ist eine uns angeborene Kunst, dem Fremden fast so wenig erlernbar wie unsere Sprache."

Soweit ein berühmter Schwabe.

In der Tat versteht es fast jede Schwäbin, handgeschabte Spätzle zuzubereiten, wobei im Norden des Landes die Spätzle vorherrschen und im Süden die Knöpfle begehrter sind. Da sind von Dorf zu Dorf die größten Überraschungen möglich. Eine der bekanntesten und beliebtesten Varianten dieser Mehlspeise sei hier vorgestellt:

250 g Mehl, 2 Eier,
250 g feingehackte Rinds- oder Kalbsleber, reichlich Zwiebeln, Petersilie, Salz, Muskat, Pfeffer oder Paprika, etwas Wasser.
Zum Schmälzen 1 Eßlöffel Butter

Aus den angegebenen Zutaten macht man einen festen, glatten Teig, den man so lange schlägt, bis er Blasen wirft. Nun auf das nasse Spätzlesbrett einen Teil des Teiges streichen und mit einem speziellen Schaber oder einem breiten Messer schmale Streifen in das kochende Salzwasser schaben. Ein paarmal aufkochen lassen, dann mit einem Drahtlöffel herausnehmen und in heißem Salzwasser schwenken. Warmstellen. Zuletzt das Ganze in Butter schmälzen. Als Beilage frischen Kopfsalat reichen.

Linsen und Spätzle

Esau, einer der Söhne des biblischen Urvaters Isaak, verkaufte sein Erstgeburtsrecht für ein Linsengericht. Auch heute noch läßt so mancher Kenner für einen leckeren Linseneintopf alles stehen und liegen.
Zwar gelten seit alters her die Linsen als Speise der Armen; dies mag vielleicht richtig sein, weil sie preiswert sind. An Geschmack sind sie jedoch kaum von anderen Hülsenfrüchten zu übertreffen.

400 g Linsen, mehrere kleine Zwiebeln, 200 g magerer gerauchter Bauchspeck, 40 g Schweineschmalz, 40 g Mehl, Salz, Pfeffer, 2 Paar Saitenwürstle

Die Linsen waschen und über Nacht in kaltem Wasser einweichen. Dann mit angeschwitzten Zwiebeln und dem Stück Bauchspeck in heißes ungesalzenes Wasser geben und weichkochen.
Inzwischen aus Fett und Mehl eine braune Mehlschwitze machen. Damit die fertigen Linsen binden und mit Salz und Pfeffer abschmekken. Der nicht zu weich gekochte Speck wird in Scheiben geschnitten und zusammen mit den heißen Saitenwürstle auf die angerichteten Linsen gelegt. Als weitere Beilage serviert man Spätzle.

Maultaschensuppe

Der Streit darüber, ob in die echten schwäbischen Maultaschen Spinat gehört oder nicht, hat schon Freunde und Familien entzweit. Das ist eine Sache, die dem Schwaben fast einen Bürgerkrieg wert wäre. Wir jedenfalls schlagen uns auf die Seite der Spinat-Partei, auch wenn die Gegner behaupten, dies sei nur nutzlose Färberei, sinnlose und geschmackslose Effekthascherei – unschwäbisches Scheinen statt Sein.

Teig: 500 g Mehl, 4 Eier, Prise Salz.
Füllung: 100 g durchwachsener Speck, 1 Zwiebel (wenn vorhanden Zwiebelröhrle), Lauch, 4 Wecken vom Vortag, etwas Petersilie, 250 g gekochter Spinat ohne Stiele, 50 g roher Spinat, 3 Eier, 300 g feines Bratwurstbrät, Salz, Muskat und Eiweiß

Für den Nudelteig in das Mehl eine Vertiefung machen, Eier und Salz hinzugeben. Einen glatten Teig kneten und eine Rolle formen. Diese in sechs Segmente teilen und hauchdünn zu einem etwa 18 cm breiten Rechteck ausrollen. Speck in feine Streifen schneiden und in der Pfanne glasig dünsten, Zwiebel und Lauch zugeben und ebenfalls dünsten. Die eingeweichten Wecken, Petersilie, Spinat durch den Fleischwolf drehen und mit Speck, Zwiebel und Lauch vermengen. Eier und Brät unterarbeiten, mit Salz und Muskatnuß würzen. Die Masse soll gut streichfähig sein, eventuell noch ein Ei zugeben. Die Teigbahnen gleichmäßig mit der Masse bestreichen, von der langen Seite aus zweimal umschlagen, das obere Ende des Teigs mit Eiweiß bestreichen, überschlagen und andrücken. Schräge Stücke von etwa 3 cm Breite abschneiden, in kochende Fleischbrühe geben und 10 bis 12 Minuten ziehen lassen.

Metzelsuppe

Lassen Sie sich nicht vom Begriff Suppe täuschen, denn hier verbirgt sich hinter einem kleinen Namen eine große Sache. Ludwig Uhland, der schwäbische Dichter, hat eigens ein Metzelsuppenlied verfaßt:

Wir haben heut' nach altem Brauch
ein Schweinchen abgeschlachtet;
der ist ein komisch ekler Gauch,
der solch ein Fleisch verachtet.
Es lebe zahm und wildes Schwein!
Sie leben alle, groß und klein,
die Blonden und die Braunen.

Denn die Metzelsuppe wird traditionsgemäß immer am Schlachttag zubereitet.

1 in Streifen geschnittene Zwiebel, 30 g Schweineschmalz, 11/2 Liter Wasser (besser Brühe), 2 Leberwürste, 2 Blutwürste, je 1 Prise Salz, Pfeffer und Muskat, 1 Teelöffel Majoran, 4 Scheiben Bauernbrot in kleine Würfel geschnitten, 1 Eßlöffel Schnittlauch

Die Zwiebel im Schmalz anbräunen, mit der Brühe oder dem Wasser auffüllen. Nun die Würste vom Darm befreien, in die Flüssigkeit geben und das Ganze aufkochen lassen. Mit je einer Prise Salz, Pfeffer und Muskat sowie einem Teelöffel Majoran abschmecken und noch ca. 5 Minuten weiterköcheln lassen. Die Brotwürfel rösten und mit dem feingeschnittenen Schnittlauch dazugeben.

Mus vom Jungfasan

Schon im alten China wurde der Fasan als Symbol des Donners im Tanz verehrt. Nach Europa kam er durch die handeltreibenden Griechen. Doch erst das alte Rom erkannte seinen Wert als Delikatesse. Besonders beliebt war er später an den europäischen Fürstenhöfen. Von Karl dem Großen und Ludwig XIV. wurden diese schönen Vögel in eigens gebauten Fasanerien gehalten.

1 Jungfasan, 2 Eßlöffel trockener Sherry, 1 Eßlöffel guter Cognac, 10 g Butter, 10 g Mehl, 2 Tassen Geflügelbouillon, 2 Blatt Gelatine, knapp 1/4 Liter Wasser, 5 Eßlöffel Portwein, knapp 1/8 Liter süße Sahne

Fasan enthäuten, Brustfleisch von den Knochen lösen, von den Sehnen befreien und in einer Pfanne 3 Minuten anbraten. Zweimal durch den Fleischwolf drehen (feinste Scheibe), mit Sherry und Cognac durcharbeiten. Durch ein Haarsieb in eine Schüssel streichen, auf Eis glattrühren, zur Seite stellen. Butter in einem Topf zerlassen, Mehl darüber sieben, hell anschwitzen, mit der Bouillon aufgießen, rührend aufkochen und etwa 15 Minuten bei milder Hitze durchziehen lassen, durch ein Tuch seihen und wegstellen. Gelatine einweichen, Wasser aufkochen, Portwein zugeben, abkühlen lassen, die ausgedrückte Gelatine einrühren. Die kalte weiße Soße mit 2 Tassen Portwein-Aspik und 2 Eßlöffeln süßer Sahne vermengen und leicht köchelnd auf die Hälfte reduzieren. Fleischpüree und Soße vermischen, restliche Sahne unterrühren. Mus in eine Form füllen, glattstreichen und mit dem restlichen Aspik übergießen. 6 Stunden kühlstellen. Mus mit heißem Eßlöffel auf kühlen Tellern anrichten. Dazu reicht man Sauerkirschen.

Nonnenfürzle

Dieses duftige Gebäck müßte eigentlich korrekterweise Nonnenfürtchen heißen, was von dem mittelniederdeutschen Wort „nunnekenfurt“ sich ableitet, was soviel bedeutet wie von den Nonnen am besten zubereitet. Ein Witzbold machte daraus den nicht ganz salonfähigen, aber heute überall gebräuchlichen Namen, um den sich dann natürlich bald allerhand Legenden rankten. So soll bei einem Essen eine große Schale voll dieser duftenden Köstlichkeiten serviert worden sein, und ein alter Domherr und Feinschmecker griff sich gleich das größte heraus und sagte schmunzelnd: „Ich nehme das von der Oberin.“

*500 g Mehl, 30 g Hefe, 60 g Zucker,
1/4 Liter Milch, 60 g Butter
oder Margarine, 1 Prise Salz,
Schale einer halben Zitrone,
4 Eier, 100 g Sultaninen, Backfett*

Mehl in eine Backschüssel geben, in der Mitte eine Vertiefung eindrücken, die zerbröckelte Hefe mit einem Teelöffel Zucker und etwas lauwarmer Milch dazugeben und mit etwas Mehl zum Vorteig verrühren, der zugedeckt 30 bis 40 Minuten gehen muß. Den Vorteig mit den restlichen Zutaten zu einem lockeren Hefeteig schlagen, 40 Minuten gehen lassen. Mit dem Teelöffel Teigstücke abstechen und in heißem Fett goldbraun backen.

Ofenschlupfer

Welches Kind nascht nicht gern, und welches Kind wird Pudding, Plätzchen, Waffeln oder andere schmackhafte süße Dinge verschmähen? Wie oft wird die Mutter gebeten, mal wieder dieses oder jenes leckere Gericht zu zaubern: Oft hat sich der oder die Kleine dann schon vorher den Magen vom vielen Probieren verdorben. Eine dieser schon rein äußerlich zum Reinbeißen einladenden Leckereien ist der Ofenschlupfer. Besonders im Schwabenland erlebt diese alte Spezialität zur Zeit eine wahre Renaissance.

4 Doppelwecken, 1 Apfel,
50 g Zucker, 50 g Korinthen,
50 g Mandeln, 2 Eier,
1/4 Liter Milch

Die Wecken in Scheiben schneiden. Den Apfel schälen, entkernen und ebenfalls in Scheiben schneiden. Auf eine gefettete Auflaufform wird nun eine Lage Weckschnitten gelegt, dann eine Lage Apfelschnitten. Das Ganze mit Zucker, Korinthen und Mandeln bestreuen. Die Eier mit der Milch verrühren und langsam darübergießen. Je nach Menge Lage für Lage schichten. Die Weckschnitten müssen die letzte Schicht bilden. Wenn die Eiermilch gleichmäßig eingezogen ist, den Auflauf in den Ofen schieben und ungefähr 45 Minuten backen lassen. Davon 35 Minuten bei schwacher Oberhitze und starker Unterhitze. Die letzten 10 Minuten den Ofen abschalten.

Pfitzauf

Nach katholischem Brauch ist der Freitag ein fleischloser Tag. Das hängt mit der Fastenzeit und dem Karfreitag zusammen, und obwohl es in Schwaben auch viele Protestanten gibt, halten sich auch heute noch viele daran. Es ist, wie man so schön sagt, zur Gewohnheit geworden. „S'geht weiß ins Bad und kommt braun raus", so werden die in Fett schwimmenden Küchle und Brezeln echt schwäbisch umschrieben, die an Freitagen, aber auch an besonderen Festtagen nicht fehlen dürfen. Eine der Königinnen dieser besonderen Speisen ist der Pfitzauf. Der Teig wird in besondere Förmchen gefüllt, und es ist jedesmal wieder spannend zu sehen, ob er zu luftigen Gebilden aufgeht oder nicht.

250 g Mehl, 1 Prise Salz,
1/2 Liter Milch, 5 Eier, 125 g Butter

Das Mehl und eine Prise Salz mit etwas Milch glattrühren. Dann die Eier zugeben und den Teig mit kochend heißer Milch fertigrühren. Mit der Butter die speziellen Pfitzauf-Förmchen bestreichen. Den Rest der Butter heiß an den Teig rühren. Sofort in die Förmchen füllen. Die Förmchen nur halbvoll machen. Keinen Zucker dazugeben! Wer sie lieber süß mag, der sollte sie nach dem Backen einzuckern. Etwa 30 Minuten bei guter Hitze backen lassen, dann die Pfitzauf aus den Förmchen stürzen.

Gesalzener Rahmkuchen

Theodor Heuss, der erste Präsident der Bundesrepublik, sagte einmal: „Mit einiger Schüchternheit nenne ich auch eine herrliche Spezialität, die manchem Freund als barbarisch erscheint: das ist der Zwiebelkuchen ..." Wessen Sache der Zwiebelkuchen nicht ist oder wer ihn seinen Gästen nicht unbedingt vorsetzen möchte, probiere es doch einmal mit dem nachfolgenden Rezept des gesalzenen Rahmkuchens, denn heiß serviert zu einem Glas altem oder auch neuem schwäbischem Wein, ergibt sich eine jener angenehmen Überraschungen, die man immer wieder erlebt, wenn man alte Rezepte oder früher übliche Gerichte ausgräbt. Auch bei Kirben (Kirchweihen) und Heimatfesten taucht immer öfters diese alte Spezialität wieder auf, und sie ist es wahrhaftig wert, eine weite Verbreitung zu finden.

Teig: 200 g Mehl, 60 g Fett (evtl. Schweineschmalz), 1 Prise Salz, 1/10 Liter Milch.
Belag: 2 Becher saure Sahne, 3 Eigelb, Salz, Schnittlauch, Kümmel

Die Zutaten zu einem glatten Mürbteig kneten, 30 Minuten kaltstellen, dann eine gefettete Form damit auslegen.
Auch die Zutaten des Belags glattrühren und Masse auf dem Teig verteilen, reichlich Schnittlauch und etwas Kümmel darüberstreuen und Butterflöckchen aufsetzen.
Backzeit: ca. 30 Minuten bei 200° C.
Der Rahmkuchen sollte sehr heiß serviert und gegessen werden.

Rehschäufele in Wacholderrahm

Lassen Sie sich durch den Namen nicht ins Bockshorn jagen: Hier soll nicht etwa das Geweih – in der Jägersprache die Schaufel – zum Gericht verkommen, das „Schäufele" ist vielmehr die schwäbische Umschreibung für den Schlegel, also die Keule des Rehes. Für dieses Wildgericht eignet sich die Vorderkeule am besten.

1 kg Rehschäufele (Vorderschlegel).
Für die Marinade:
1 Flasche Rotwein (0,7 Liter),
Lorbeerblätter, Nelken,
Pfefferkörner, Thymian, Rosmarin,
1/2 Knoblauchzehe.
Salz und Pfeffer zum Würzen,
100 g Bratfett, 1/2 kg Suppengemüse
(Zwiebeln, Karotten, Lauch,
Sellerie), 1/2 kg Tomaten oder
100 g Tomatenmark, 100 g Mehl,
1 Tasse Brühe, knapp 1/4 Liter saure
Sahne, 2 Eßlöffel Doppelwacholder

Den Vorderschlegel am besten gleich vom Händler in ca. 250 g schwere Stücke hacken lassen (mit den Knochen) und mindestens 3 Tage in der Rotweinmarinade belassen. Nach dem Herausnehmen gut abtropfen lassen, mit Salz und Pfeffer (am besten Pfeffermühle) würzen und scharf anbraten. Nun das Suppengemüse hinzugeben sowie die Tomaten oder das Tomatenmark; den Braten mit Mehl bestäuben, mit der Rotweinmarinade ablöschen, die Brühe auffüllen und bis zum Garpunkt schmoren.

Die Soße wird mit der sauren Sahne abgezogen, mit Doppelwacholder und evtl. einem Schuß Rotwein abgeschmeckt. Als Beilage Knödel, Waldpilze und Kräutersalat.

Riebelesuppe

Zu Kaisers Zeiten galten Brot- oder Riebelesuppe noch als klassische Nachtessen. Bekanntlich sind die Schwaben „Suppenkasper", so sagt es jedenfalls ein altes Volksbuch, denn sie essen fünfmal am Tag Suppe. Den Schlußpunkt dieser täglichen Suppenorgie bildet die Riebelesuppe.

Sicher ist diese Zahl übertrieben. Wahr ist aber, daß zu einem richtigen Essen für den Schwaben auch eine richtige Suppe gehört. Riebele, dies sei für den Nicht-Schwaben gesagt, sind übrigens Knollen, die entstehen, wenn der feste Teig auf einem Reibeisen zu kleinen Bröseln zerrieben wird.

2 Eier, 1 Eigelb, 250 g Mehl,
Salz, 11/2 Liter Fleischbrühe

Von den Eiern, dem Eigelb, dem Mehl und etwas Salz einen festen Nudelteig machen. Diesen dann mit dem Reibeisen stets nach einer Seite reiben. Man kann die Riebele auch durch ein Sieb schütteln, damit sie gleichmäßig fein werden. Wenn die Körner abgetrocknet sind, werden sie in der kochenden Fleischbrühe 5 Minuten aufgekocht. Zur Verfeinerung Schnittlauch dazugeben.

Rindsrouladen

„Mir ist, als hätte ich manchmal nicht mehr Witz, als ein Christensohn oder ein gewöhnlicher Mensch hat. Aber ich bin ein großer Rindfleischesser, und ich glaube, das tut meinem Witz schaden." Diese Meinung von Shakespeare wird natürlich durch die moderne Ernährungswissenschaft widerlegt, und ganz sicher regen die Rindsrouladen Witz und Geist eher an, als daß sie schaden. Rindsrouladen kennt man in vielen Ländern der Erde, aber sie sind wohl selten so beliebt wie hier im Schwabenland.

4—6 Rouladen (750 g nicht zu dünne Scheiben aus dem Ochsenschlegel), Salz, Pfeffer, 2—3 Zwiebeln, 1 Eßlöffel gewiegte Petersilie, 1 Eßlöffel Butter, 100 g Räucherspeck, 50 g Sardellenfilet. Zum Braten: 40 g Butter. Zur Soße: 1—2 Teelöffel Mehl, Fleischbrühe

Rouladen mit Salz und Pfeffer würzen, gewiegte Zwiebeln und Petersilie in Butter vordämpfen, die Rouladen damit bestreichen, kleine Speckwürfelchen und gewässerte, zerdrückte Sardellen darauflegen. Fleischscheiben aufrollen, mit Zwirn umwickeln, in heißer Butter rundum anbraten. Mehl miträsten, mit Fleischbrühe ablöschen, Rouladen zugedeckt weichschmoren. Fäden entfernen, durchgesiebte, würzig abgeschmeckte Soße über die Rouladen gießen.

Oder Fleischscheiben gut würzen, mit Senf bestreichen, rohe, gehackte Zwiebeln und Streifen von Speck oder Gewürzgurken auflegen. Aufrollen, mit Zwirn umwickeln, in Mehl wenden, in heißer Butter ringsum anbraten, vor dem Anrichten ⅛ Liter sauren Rahm zugießen, aufkochen, durchsieben.

Schwäbisches Sauerkraut und Schlachtplatte

Daß beinahe jede deutsche Hausfrau sich auf die Zubereitung eines deftigen Sauerkrautgerichts versteht, weiß die ganze Welt. Nicht zuletzt deswegen nennen uns die Angelsachsen zuweilen etwas scherzhaft und vielleicht auch ein wenig neidisch „Krauts".

1 Zwiebel, 50 g Schweine- oder Gänseschmalz, je 1 Schuß helle Brühe und Weißwein, 750 g Sauerkraut, 1 Eßlöffel Wacholderbeeren, je eine gute Prise Kümmel, Thymian, Majoran sowie 1/2 Lorbeerblatt im Mullbeutelchen, 1 Eßlöffel Mehl

Die Zwiebel kleinschneiden und im Schweine- oder Gänseschmalz blond anbraten, mit einem guten Schuß heller Brühe und dem Weißwein ablöschen und das Sauerkraut 30 bis 40 Minuten darin garen. Zwischendurch die Wacholderbeeren sowie das Mullbeutelchen mit den Gewürzen hinzutun.

Zum Schluß das Sauerkraut mit einem Eßlöffel Mehl, in wenig kaltem Wasser verrührt, binden. Der Geschmack läßt sich natürlich durch das Mitkochen von Schinken oder Bauchfleisch noch wesentlich verfeinern. Wenn Sie im Kraut noch Blut- und Leberwürste mitkochen und diese dann mit dem Bauchfleisch zusammen hübsch auf dem Sauerkraut anrichten, haben Sie ein weiteres berühmtes schwäbisches Gericht, die Schlachtplatte. Dazu gehören die unvermeidlichen Spätzle – es passen aber auch Kartoffeln in der Schale oder ganz einfach Bauernbrot dazu.

Saurer Käs

Das morgendliche Vesper gehört auch heute noch für viele Schwaben zu einer festen Institution – obwohl der moderne Arbeitsprozeß dies eigentlich gar nicht mehr zuläßt. Das Vesper ist nicht mit dem Frühstück zu verwechseln, sondern wird zwischen morgens und mittags eingenommen – und dann darf es natürlich etwas Deftiges geben, das nicht den Appetit auf die folgenden Mahlzeiten nimmt – saurer Käs ist da ideal! Der moderne Schwabe hat übrigens aus der (Zeit-) Not eine Tugend gemacht: Er vespert jetzt doppelt so ausgiebig und genüßlich abends!

2 Brühwürste aus frischem Fleisch, 2 Blutwürste (auch „Schwarze Würste" genannt), 200—250 g Schweizer Käse, 2—3 Zwiebeln, je ein Schuß Öl und Essig, 1 Teelöffel Senf, Salz und Pfeffer nach Geschmack

Die Würste und der Käse werden zu feinen Würfeln geschnitten und mit den zu Ringen geschnittenen Zwiebeln vermengt. Aus Öl, Essig und dem Senf rührt man unter Beigabe von wenig Salz und Pfeffer eine Salatsoße, die über die Wurst- und Käsewürfel gegeben wird. Am besten läßt man den Sauren Käs ein wenig ziehen, dann schmeckt er einfach besser. Ideal ist es, ihn am Abend vor dem Verzehr zuzubereiten.

Schnecken im Pfännle

Daß Schnecken gut schmecken, weiß beileibe noch nicht jeder und will wohl auch nicht jeder wissen. Und doch kannten – wie sollte es anders sein – bereits die Römer diese Delikatesse.

Für die Schneckenbutter:
4 Schalottenzwiebeln,
2 Zehen Knoblauch,
150 g frische Butter,
50 g frischer Spinat, frisch geschnittene Petersilie und Schnittlauch, Salz, Pfeffer, einige Tropfen Worchestershiresoße.
50 g durchwachsener Speck, Schneckenbutter, 2 Dosen Weinbergschnecken à 12 Stück, Weißwein, Walnüsse, 4 Schneckenpfännle

Zunächst die Schneckenbutter zubereiten: Dazu die Schalottenzwiebeln und den Knoblauch fein schneiden, in der Pfanne glasig dünsten, etwas abkühlen lassen und zu der weichen (nicht zerlassenen!) Butter geben. Nun das Grünzeug fein zerkleinert hinzugeben und gut durchmengen, mit Salz, Pfeffer und Worchestershiresoße abschmecken, in Pergamentpapier zu einer kleinen Rolle abdrehen und im Kühlschrank aufbewahren.

Sie können aber auch sofort weitermachen. Dazu in einer kleinen Pfanne die Schneckenbutter unter Umrühren zergehen und heiß werden lassen. Den Speck in feine Scheiben schneiden, der Butter zugeben und glasig dünsten. Nun werden die Schnecken nebst etwas Saftinhalt aus der Dose, ein wenig Weißwein und die gehackten Nüsse zugegeben. Das Ganze wird einige Minuten erhitzt, danach in die vorgewärmten Schneckenpfännle verteilt und im Grill oder der heißen Backröhre bei 200 Grad überbacken, bis die Oberfläche goldbraun ist.

Schneckennudeln

Obwohl der Schwabe mit Nudeln, speziell mit Spätzle, alle möglichen nur denkbaren Kombinationen erfindet, hat er das wohl mit Schnecken zusammen doch noch nicht versucht. So haben auch die Schneckennudeln ihren Namen ausschließlich von dem Aussehen und nicht von den Zutaten. Wenn Ihnen das Glück widerfährt, daß ein Schneck Ihnen Schneckennudeln serviert, dann ist das schwäbische Leben weiß Gott lebenswert! Denn ein Schneck ist ein außerordentlich hübsches, appetitliches, junges schwäbisches Mädle.

500 g Mehl, 35 g Hefe,
100 g Butter oder Margarine (oder hälftig Schweineschmalz),
60 g Zucker,
1/2 Teelöffel Salz, geriebene Schale 1/2 Zitrone, 1—2 Eier,
etwa 1/4 Liter Milch.
60 g zerlassene Butter, 2 Eßlöffel Zucker, 1 Teelöffel Zimt,
100 g Sultaninen, 1—2 Eigelb

Aus allen Zutaten zum Teig, jedoch nur der Hälfte der Butter einen Hefeteig zubereiten. Gut gehen lassen, ½ Stunde kühlstellen, dann die restliche Butter mit etwas Mehl verknetet wie bei Blätterteig in 3–4 Touren einwellen. Auf bemehltem Backbrett einen 25 cm breiten Streifen ausrollen, mit zerlassener Butter bestreichen. Zucker, Zimt, Sultaninen daraufstreuen und den Teig der Länge nach aufrollen. 2 cm hohe Stücke abschneiden, mit der Schnittfläche nach unten auf gefettetes Blech setzen. Nach dem Aufgehen mit Eigelb einpinseln. Bei mittlerer Hitze ca. 30 Minuten backen.

Guß: 150 g Zucker mit 3 Eßlöffeln Wasser unter Rühren kochen, bis Flüssigkeit glasklar ist und sich auf der Oberfläche eine Haut bildet. Sofort heiß mit einem Pinsel auf das noch warme Gebäck auftragen.

Remstäler Schneckensuppe

Im romantischen Remstal, das nach einem rund 80 Kilometer langen Nebenfluß des Nekkars benannt wurde, findet man nicht nur die weiten Hänge voll der berühmten Reben württembergischer Weine, sondern auch eine Vielzahl von Restaurants und Gasthöfen mit typisch schwäbischer Küche. Eines der dort gepflegten Gerichte stellen wir Ihnen hier vor:

1/2 Zwiebel, 20 g Butter,
10 g Karotten, 10 g Lauch,
10 g Sellerie, 1/8 Liter trockener Weißwein, 1 Dutzend Schnecken (Dose),
1/4 Liter frische Sahne,
1/2 Liter Brühe, Salz,
Glutomat und Aromat, 5 g Petersilie,
wenn möglich
frische Kräuter der Saison

Zwiebel in kleine Würfel schneiden und in Butter anrösten. Das in Würfel geschnittene Gemüse dazugeben, mit dem trockenen Weißwein ablöschen. Dann den Schneckenfond und die frische Sahne sowie die Brühe unterrühren. Das ganze etwa 10 bis 15 Minuten einkochen lassen. Mit Salz, Glutomat und Aromat abschmecken. Mit Butter binden und die gehackten Kräuter dazugeben. Die Schnekken in vier Teile schneiden und in die Suppe geben. Kurz durchziehen lassen und dann heiß in kleinen Tassen servieren.

Remstalkeller
Kerner-Kabinett
Qualitätswein mit Prädikat
7056 Weinstadt-Beutelsbach

Schupfnudeln auf Sauerkraut

Schupfen ist ein oberdeutsches Wort und bedeutet soviel wie wegstoßen. Die Schupfnudeln, ein vor allem in Oberschwaben beliebtes Gericht, haben ihren Namen von der typischen Bewegung, mit der sie hergestellt werden – sie werden auf dem Backbrett mit der flachen Hand weggerollt, weggestoßen. Die schwäbische Küche ist oftmals derb, ebenso die Sprache. So nennt der Volksmund die Schupfnudeln wegen ihrer Form auch Bubaspitzle – oder noch deutlicher Bauraseckele. Man kann die Schupfnudeln in kochendem Wasser garen (wobei Kartoffel- und Mehlanteil etwa gleich sein sollten), oder man bäckt sie in der Pfanne in heißem Fett aus (dann sollten sich Kartoffeln und Mehl ungefähr wie 3 : 1 verhalten). Die Kombination der Schupfnudeln mit Sauerkraut ist außerordentlich reizvoll.

500 g gekochte Kartoffeln,
500 g Mehl, 1 Ei, Muskat, Salz,
2 Zwiebeln, 100 g Fett,
500 g rohes Sauerkraut

1 – 2 Tage alte, gekochte Kartoffeln durch die Kartoffelpresse drücken und mit dem Mehl, dem Ei, etwas Muskat und einer Prise Salz zu einem festen Teig kneten. Auf dem bemehlten Backbrett zu fingerlangen und fingerdicken Würstchen formen, „schupfen". In kochendes Wasser geben und nach dem Aufschwimmen mit dem Schaumlöffel herausnehmen und auf dem Backbrett zum Trocknen auslegen.
Zwiebeln fein schneiden, in heißem Fett hellgelb rösten, Sauerkraut hinzugeben und heiß dämpfen. Dann die Schupfnudeln beimengen und alles unter öfterem Wenden hellbraun anbacken.

Schwäbischer Kranz

Den Schwaben sagt man nach, sie seien sparsam. Nicht ganz zu unrecht. Und so sagt einer jener Necksprüche, daß Kuchen und Gebäck nur deshalb erfunden worden sind, weil die sparsamen Schwaben die Hitze beim Anheizen des Brotbackofens ausnutzen wollten.

Teig: 500 g Mehl, 20 g Hefe, 80 g Zucker, 1/4 Liter Milch, 100 g Butter, 1 Prise Salz, 1 bis 2 Eier, etwas Zitronenschale oder Anis.
Füllung: 1 großer Eßlöffel Butter oder 1 bis 2 Eiweiß, 80 g Zucker, Zimt, 50—100 g Sultaninen, 50 g in Scheiben geschnittene Mandeln oder Haselnüsse

Mehl in Backschüssel geben, eine Vertiefung eindrücken, mit zerbröckelter Hefe, einem Teelöffel Zucker, etwas lauwarmer Milch einen Vorteig anrühren. Zudecken, warmstellen und 30 Minuten gehen lassen. Dann nach und nach Rest der Milch, erwärmte Butter, Zucker, Salz, Eier, Zitronenschale zufügen. Den Teig durcharbeiten, bis er Blasen wirft und sich von der Schüsselwand löst. Nochmals 30 Minuten gehen lassen. Teig zu einem fingerdicken, rechteckigen Streifen auswellen, mit zerlassener Butter oder Eiweiß bestreichen, Zucker, Zimt, Sultaninen, Mandeln aufstreuen. Von der Breitseite her aufwickeln. Rolle mit einem Messer der Länge nach durchschneiden, beide Hälften so zusammenschlingen, daß die Schnittflächen oben sind. Als Zopf oder Kranz bei 200 Grad ca. 40 Minuten backen. Noch heiß mit Zuckerglasur bestreichen.

Saure Schweinenierle

Wer kennt nicht den Ausspruch „auf Herz und Nieren prüfen". Er steht bereits im Alten Testament. Damals war man zudem der Meinung, daß Innereien den Teufel vertreiben. Aber als man dann erfuhr, daß die Germanen alle Arten von Innereien ihren Göttern als Opfer darbrachten, erklärte die Kirche sie zur Teufelsspeise.

Nieren gerieten gar in Verdacht, die sinnliche Versuchung zu fördern. Daher mußten sie nach dem Schlachten an den Herrn Pfarrer abgeliefert werden. Lange hält dieses Vorurteil an. Noch 1851 erklärt der Gastronom Baron Vaerst die Eingeweide für „ein Gericht, vor dem zu warnen" ist. Das hat sich in den letzten 100 Jahren gründlich geändert. Der Schwabe schätzt Innereien besonders dann, wenn sie sauer zubereitet sind – nach dem Motto: „Da macht mer e' saure Brüh' drüber."

250 g Schweinenieren, 30 g Butter,
je 1 Prise Salz und Pfeffer,
1/3 Tasse Bratensoße, 1 guter Schuß
Essig, 1 Zwiebel, 2 Gewürzgurken

Die Nieren nach dem Wässern in Scheiben schneiden und in gut heißem Fett in der Pfanne kurz anbraten. Mit Salz und Pfeffer würzen und mit der Bratensoße ablöschen. Essig nach Geschmack hinzugeben. Nun die in Scheiben geschnittene Zwiebel rösten und diese über die Nieren geben; die Gewürzgurken ebenfalls in Scheiben schneiden und das Ganze damit garnieren. Dazu reicht man Spätzle und Salat.

Serviettenkloß

Der Serviettenkloß ist sicher keine schwäbische Erfindung, sondern dürfte eher im Böhmischen beheimatet sein. In Schwaben aber erfreut er sich großer Beliebtheit, schon deswegen, weil er von allen Knöpfle, Klößen, Knödel, Klopsen der stattlichste und optisch attraktivste ist.

3 alte Milchwecken,
4 Eßlöffel Dosenmilch, 4 Eier,
Petersilie, 1 Zwiebel,
60 g Butter, Salz, Muskatnuß

Zuerst schneidet man die Milchwecken in Würfel. In einer Schüssel feuchtet man sie mit der Milch an und gibt die Eier dazu. Petersilie und Zwiebel werden in der Butter gedämpft und hinzugefügt. Nach Belieben würzt man mit Salz und Muskat.

Den gut gemischten Teig gibt man in eine große Serviette. Sie muß so zusammengebunden werden, daß noch Platz zum Aufgehen des Teigs bleibt. Dann hängt man den Knödel in einen großen Topf mit kochendem Wasser. Auf der Seite hängen die Zipfel der Serviette heraus. Man deckt einen Deckel darauf. Nach etwa vierzig Minuten ist der Knödel fertig. Am besten schmeckt Sauerbraten dazu, aber auch Gans- und Entenbraten passen sehr gut.

Sonntagsessen

Es ist eine typische Erscheinung unserer Wohlstandsgesellschaft, daß man nahezu täglich Fleisch auf dem Küchenzettel vorfindet. Noch vor zwanzig Jahren war das keineswegs selbstverständlich, und schon gar nicht in den Jahren vor, während und nach dem Kriege. Auch in Schwaben mußte man sich in dieser Zeit sehr bescheiden, und nur sonntags – wenn es irgendwie möglich war – gab es ein Fleischgericht. Dann allerdings kreierte die schwäbische Hausfrau eine für dieses Land typische und einmalige Zusammenstellung: gemischter Braten mit Rind- und Schweinefleisch, Spätzle und Kartoffelsalat. Zu letzter Kombination meint Thaddäus Troll, sie sei pervers. Was aber nichts dran ändert, daß dieses Gericht noch immer und in vielen Familien eben das Sonntagsessen ist.

750 g Schweinefleisch vom Bug oder Schlegel, Pfeffer, Prise Rosmarin, Salz,
1 Zwiebel, 1 Gelbe Rübe,
1/2 Sellerieknolle, Suppengrün,
40 g Fett, 1 Tomate oder Tomatenmark,
1 Knoblauchzehe, etwas Mehl

Fleisch mit Pfeffer, Rosmarin und Salz einreiben, zusammen mit der grob gehackten Zwiebel, der zerteilten Gelben Rübe und Sellerieknolle sowie dem Suppengrün in heißem Fett anbraten. Tomate bzw. Tomatenmark und Knoblauchzehe hinzugeben und mit ca. 1/4 l Wasser ablöschen. Zugedeckt ca. 1 1/2 Stunden köcheln lassen. Ca. 20 g Mehl mit etwas Wasser anrühren und mit dem Bratenfond zu einer Soße binden, evtl. mit Salz und Pfeffer abschmecken.

Dazu gehören – wie gesagt – Spätzle und Kartoffelsalat sowie je nach Saison Kopf-, Endivien- oder Ackersalat.

Spargel auf Blattspinat

Wenn wir heute zu jeder Jahreszeit Spargel genießen können, so ist dies vor allem das Verdienst eines gewissen Herzogs Karl, der nun ausnahmsweise einmal kein Schwabe war. Dieser Herzog hatte seine Residenz zu Beginn des 19. Jahrhunderts in Braunschweig und lernte die Spargelkonserven während eines Besuches in Paris kennen – worauf er flugs einen Braunschweiger Professor nach Paris entsandte, der das Geheimnis der Blechdose mit an den Braunschweiger Hof brachte. Noch heute befindet sich im Braunschweiger Flachland eines der Hauptanbaugebiete deutschen Spargels.

1,5 kg frischer Spargel, etwas Salz und Zucker, 400 g frischer Blattspinat, 8 ganze Tomaten, 10 ganze Champignons, 100 g Sauerampfer, je eine kleine Prise Salz, Pfeffer, Glutomat, Aromat, 1/10 Liter Öl, 1/10 Liter Weinessig

Den Spargel schälen, ins kochende Wasser geben, das mit etwas Salz und Zucker gewürzt ist, und ca. 15 – 20 Minuten ziehen lassen. Nun den Blattspinat putzen und ganz kurz in kochendem Wasser wallen lassen, dann sofort ins kalte Wasser geben. Die Tomaten abziehen und entkernen, Champignons waschen und in Scheiben schneiden. Den Sauerampfer in Streifen schneiden.

Zum Dressing in eine Schüssel Salz, Pfeffer, Glutomat und Aromat geben, danach Öl und Weinessig langsam dazugießen. Angerichtet wird in tiefen Tellern: den marinierten Spinat links und rechts, den heißen Spargel in die Mitte und die Würfel von abgezogenen Tomaten, die rohen Champignons und den Sauerampfer über die Enden des Spargels geben.

Spargelsuppe

Der Spargel war schon bei den Ägyptern, Griechen und Römern beliebt. Damals wie heute gehörte er aber auch zu den teuersten Gemüsearten. In Deutschland wird er erst seit 400 Jahren angebaut. Zuerst erntete man dieses edle Gemüse – wie kann es anders sein – von einem Feld in der Nähe von Stuttgart im Jahre 1568.

Traditionell gilt der erste Sonntag im Mai als Beginn der Spargelsaison, die schnell vergeht: „Am vierundzwanzigsten im Junischwall verlassen Spargel uns und Nachtigall", dichtete schon Liliencron.

500 g Suppenspargel (Klasse III), 11/2 Liter Wasser, Salz, 60 g Butter, 60 g Mehl, 1 Eigelb, etwas Sahne

Der Spargel wird geschält, in kurze Stücke geschnitten und in Salzwasser abgekocht. Die Schalen können getrennt ausgekocht werden.

Dann aus Butter und Mehl eine helle Einbrenne bereiten. Zum Ablöschen die Brühe der Spargelstangen und der Schalen verwenden. Den gekochten Spargel nun als Einlage in die Suppe geben. Zum Schluß mit Ei und Sahne abziehen.

Württemberg E.V.
Suppen.
I.
Potages.

Spätzle

Im ersten Teil dieses Buches wurde schon ausführlich über die berühmteste Spezialität der schwäbischen Küche gesprochen. Lassen wir hier nochmals einen begeisterten Verseschmied in einer Ausgabe des „Schwarzwälder Boten" aus dem Jahre 1838 zu Wort kommen:

Oh gehet hin zum Küchenmädchen,
wie sie den Teig zerklopft und rührt,
und selben auf ein Spätzlesbrettchen
mit ihrem Spätzlesmesser schmiert!
Die Masse wird aus Mehl und Eier
mit lauem Wasser angemacht,
die Schwaben-Spätzle sind nicht teuer,
was ihren Wert noch größer macht.

250 g Mehl, 2 Eier, 1 Teelöffel Salz,
1/8 Liter Wasser; zum Schmälzen:
1 Eßlöffel Butter,
1 Eßlöffel Weckmehl

Aus den Zutaten einen zähen Teig schlagen, den man so lange mit dem Rührlöffel oder Knethaken bearbeitet, bis er Blasen wirft. Nun gibt man einen Teil des Teigs auf das nasse Spätzlesbrett und schabt mit einem Spatzenschaber oder einem langen, breiten Messer dünne Streifen in das kochende Salzwasser. Das Wasser muß immer sprudelnd kochen, solange man die Spätzle einlegt. Sobald sie wieder hochsteigen, nimmt man sie mit einem Schaumlöffel heraus, zieht sie durch frisches, heißes Salzwasser und richtet sie dann auf einer erwärmten Platte an, nachdem man sie hat gut abtropfen lassen.

Wenn der gesamte Teig in dieser Weise angerichtet ist, wird das Ganze zuletzt mit in Butter geröstetem Weckmehl geschmälzt.

Wer besondere Ehre mit seinen Spätzle einlegen möchte, nehme für den Teig kein Wasser, sondern so viel Eier, wie das Mehl schluckt. Ein Tip ist auch Beigabe eines Teelöffels Öl, was den Teig geschmeidiger macht.

Springerle

(80 – 90 Stück)

Das bekannteste und typischste schwäbische Weihnachtsgebäck sind zweifellos die Springerle. Sie haben eine enge Verwandtschaft mit den Gebildbroten und sind in dieser Form seit über zweitausend Jahren nachweisbar. Die mit Reliefgestalten verzierten Holzmodel, die zur Herstellung der Springerle benützt werden, sind oft der Stolz der schwäbischen Hausfrau und werden von Generation zu Generation weitervererbt. Die Herkunft des Namens ist nicht geklärt, entweder geht er auf die früher häufig verwendeten Reitermotive zurück oder auf die beim Backen entstehenden „Füßle", das Gebäck „springt" also auf.

4 Eier, 500 g Zucker, etwas geriebene Zitronenschale, 500 g feines Mehl, eine kleine Prise Hirschhornsalz. Zum Fetten: Butter. Zum Ausstreuen: Anis

Eiweiß steifschlagen, mit Zucker und Eigelb noch 3/4 Stunde rühren, Zitronenschale, Mehl sowie Prise Hirschhornsalz zugeben. Teig auf dem Backbrett bearbeiten, bis er geschmeidig ist. 1 Stunde kaltstellen, auswellen, die mehlbestäubten Model in den Teig drücken. Dann ausschneiden, auf ein mit Butter gefettetes, mit Anis bestreutes Blech legen. Über Nacht ruhen lassen, darauf achten, daß die Springerle an der Oberseite gut trocken sind. Unterseite in der Mitte kreisförmig mit Zuckerwasser befeuchten. Backofen nicht zu stark erhitzen. Bei sogenannten „schönen Springerle" soll die Oberfläche weiß, die Füßchen gleichmäßig hoch und der Boden goldgelb sein.
Backvorgang: In den ersten 20 Minuten die Backofentür ein wenig offen lassen, dann schließen und Springerle bei mittlerer Hitze fertigbacken. Jedes Stück durch leichtes Bürsten vom Mehl befreien.

Stauferlendchen

Die Staufer, auch Schwäbische Kaiser genannt, stellten in der Blütezeit des Mittelalters die deutschen Könige und Kaiser. Der Nachwelt sind vor allem ihre kulturellen Leistungen und ihre höfisch-ritterliche Kultur in Erinnerung geblieben. Auch für die hohe Schule des Kochens ist da einiges abgefallen. Als Beweis sollten Sie einmal dieses überlieferte Rezept probieren, das ihren Namen trägt.

Pro Person je ein kleines Lendchen von Rind, Kalb und Schwein, 1 Glas Riesling, 1/8 Liter saure Sahne, 1 Eßlöffel gehackter Dill, 2 Eßlöffel gehackte Petersilie, Thymian, 1 Knoblauchzehe, Oregano, Pfeffer, Muskat, 4 Tomaten (von der Haut befreit), 80 g Champignons, Salz, 1 Eßlöffel Zitronensaft, 8 Stangen Spargel, Flädle, Sauce Hollandaise

Die Lendchen werden saftig gebraten und warmgestellt. Der Bratensaft wird mit etwas Riesling eingekocht und mit saurer Sahne, Dill, Petersilie und Thymian abgeschmeckt. Dann über die Lendchen gießen.

Auf das Schweinelendchen einen Löffel gut gewürzte (mit Knoblauch, Oregano, Pfeffer und Muskat) und von der Haut befreite Tomatenwürfel geben. Auf das Kalbslendchen frische, in Scheiben geschnittene Champignons und gehackte Petersilie geben. Mit Salz und Zitrone abschmecken. Auf das Rinderlendchen je 2 Stangen Spargel geben, die vorher in ein Flädle (siehe Rezept S. 78) gerollt wurden. Das Ganze mit Sauce Hollandaise überziehen.

Schwäbische Tellersülze

Früher, als es noch keine Gefrierschränke und auch keine Konservierungsmittel gab, mußte man die Speisen auf natürliche Weise haltbar machen. Eines dieser Mittel war die Sülze, ein Absud aus Fleisch und Knochen. Schon in der Handschrift des Maister Hannsen, „des von Wirtenberg Koch", aus dem Jahre 1416 wird ausführlich über die Herstellung der „Sultz" gesprochen und auch richtig erkannt, daß „der sultz muß als vil sein, daß sy das fleisch bedecke". Nur so konnte die Sülze ihre konservierende, luftabdichtende Wirkung entfalten. Obwohl wir heute dieser Hilfsmittel nicht mehr bedürfen, hat sich die Tellersülze erhalten, ganz einfach, weil sie hervorragend schmeckt, vor allem dann, wenn sie noch selbst zubereitet wird.

1 kg Schweinsknöchle,
500 g mageres Schweinefleisch,
1 Schweinszunge, 2 Kalbsfüße, Essig,
Salz, Pfefferkörner,
1 Lorbeerblatt, 2 Nelken

Alles zusammen wird in genügend Wasser, Essig und Salz nach Gutdünken weichgekocht. Pfefferkörner, Lorbeerblatt und zwei Nelken dazugeben.

Wenn das Fleisch weich ist, wird es schön verteilt auf die Suppenteller gegeben. Zur Verzierung kann man noch Scheiben von hartgekochten Eiern dazulegen. Die Brühe läßt man inzwischen weiter- und einkochen, dann erkalten. Fett abschöpfen, die Brühe wieder erwärmen, abschmecken, durch ein Tuch seihen und über das Fleisch gießen, dann erkalten lassen.

Träubleskuchen

Die Schwäbin als Zuckerbäcker, als Herstellerin von Naschwerk ist ein Kapitel für sich, denn das Backen von Küchle und Gutsle will gelernt sein, macht viel Arbeit und ist letztlich doch wenig dankbar: Was lecker schmeckt, ist schnell vom Tisch. Probieren Sie dieses Rezept aus, und Sie werden dieselbe Erfahrung machen! Unter „Träuble" verstehen die Schwaben übrigens Johannisbeeren, die ihren Namen wiederum vom Johannistag ableiten – der Tag, an dem die Beeren etwa reifen.

200 g Mehl, 1 Teelöffel Backpulver, 125 g Butter oder Margarine, 100 g Zucker, 2 Eigelb, abgeriebene Schale einer halben Zitrone. Für den Belag: 2 Eiweiß, 100 g Zucker, 2 Teelöffel Stärkemehl, 500 g Johannisbeeren

Mehl und Backpulver sieben und mit dem Fett, Zucker, Eigelb und Zitronenschale zu einem Mürbeteig verrühren. Den Teig ca. 30 Minuten kaltstellen, dann ausrollen und eine Springform damit auslegen. Den Kuchenboden nun bei mittlerer Hitze ca. 25 Minuten goldgelb backen. In der Zwischenzeit das Eiweiß zu steifem Schnee schlagen, Zucker und Stärkemehl hinzufügen und noch weitere 5 Minuten nachschlagen. Jetzt die gewaschenen und entstielten Beeren vorsichtig unter die Eiweißmasse heben. Das Ganze anschließend gleichmäßig auf dem Kuchenboden verteilen und bei mittlerer Hitze im Ofen leicht gelb backen.

Trüschenleberle

Die Trüsche ist ein zur Familie der Dorsche gehörender Raubfisch. Er ist die einzige Dorschart, die in Süßwasser lebt und sich hauptsächlich von Kleinfischen ernährt. Die Trüsche, wegen ihres sehr schlanken Aussehens auch als Aalquappe bekannt, kann bis zu 80 cm lang werden. Übrigens: Es wird nicht ganz einfach sein, die Trüschenleber in ausreichender Menge zu bekommen. Vielleicht sollten Sie die Portionen dann so reduzieren, daß es nur für einen Leckerbissen reicht.

150 g Trüschenleberle (vom Bodensee), Milch, etwas geräucherter Bauchspeck, 2 Schalottenzwiebeln, 30 g Butter, etwas Apfelschnaps, Bratensaft, Salz, Pfeffer, saure Sahne, 50 g Rinderpökelzunge in Streifen, 2 Äpfel

Da die Trüschenleber ziemlich bitter ist, legt man sie ein bis zwei Tage in Milch ein. Die Milch sollte alle paar Stunden abgegossen und erneuert werden.

Den Bauchspeck in feine Streifen schneiden, die feingewiegten Schalotten zugeben und leicht glasig dünsten. Danach kommt die geschnetzelte Leber hinzu und wird kurz angeschwenkt. Mit Apfelschnaps ablöschen, den Bratensaft zugeben und mit Salz, Pfeffer und etwas saurer Sahne abschmecken.

Im Reisrand anrichten und mit der Pökelzunge und den rohen geriebenen Äpfeln bestreuen.

Vanilleringle

Lange Jahrhunderte hindurch waren die Wochen vom Katharinentag am 25. November bis Weihnachten ernste und traurige Wochen. Heute ist es die Zeit der Vorfreude auf das Weihnachtsfest. Nikolausfeier und Adventskranz kündigen das große Fest an, und aus der Küche dringt manchmal ein Geruch, der selbst hartgesottene Gegner von Süßspeisen und Gebäck zum Naschen verleitet. Da werden Kuchen gebacken und Plätzchen ausgestochen und geheimnisvolle Gewürze benutzt. Vanille, das aus Mexiko kommende Gewürz, soll übrigens nervenstärkend sein und Bronchitis und hartnäckige Katarrhe lindern.

250 g Butter oder Margarine,
250 g Zucker, 2 Eier oder 4 Eigelb,
2 Päckchen Vanillin, 500 g Mehl

Die Butter so lange schaumigrühren, bis sie weich, glatt und rahmig wird. Dann Zucker, Eier, das Vanillin und das Mehl hineingeben. Den Teig kurz durchkneten und eine Zeitlang ruhen lassen. Durch eine Backspritze mit einem Sterneinsatz drücken und die Streifen in fingerlange Stücke schneiden. Ringe oder Stangen formen und vorsichtig auf ein schwach gefettetes Blech legen. Backdauer 8 bis 12 Minuten bei 200 Grad.

Waller aus dem Kräutersud

Ein Waller kann bis zu 2,50 Meter lang und 250 Kilogramm schwer werden. Er ist damit der größte einheimische Süßwasserfisch. Er lebt in breiten Flüssen und großen Seen und ernährt sich von Krebsen, kleinen Fischen und Fröschen sowie von Wassergeflügel. Im Volksmund wird er auch Weller, Schrade, Schraid, Schraidl oder Schraut genannt.

2 Kilogramm Waller, etwas Salz.
Für den Sud: 2 Liter Wasser,
1/4 Liter Essig, 1/2 Liter Weißwein,
Salz, gemahlener Pfeffer, Paprika,
gemahlene Nelken, Lorbeer,
etwas Zimt, Dill und Liebstöckl,
je 100 g Karotten, Lauch,
Sellerie und Zwiebeln

Den Waller oder die einzelnen Stücke waschen und salzen. Aus 2 Liter Wasser, ¼ Liter Essig, ½ Liter Weißwein, Salz, gemahlenem Pfeffer, Paprika, gemahlenen Nelken, Lorbeer, etwas Zimt, Dill und Liebstöckl, je 100 g Karotten, Lauch, Sellerie und Zwiebeln einen Sud bereiten. Den Waller in den kochenden Sud geben und zugedeckt etwa 25 bis 30 Minuten ziehen lassen.

Dazu Sahnemeerrettich, Mandelbutter, Petersilienkartoffeln, Gurkensalat und mit Petersilie bestreute Zitronenhälften reichen.

Weckknödel

Am 3. März ist Kunigundentag, und dann ißt man in Thüringen Klöße und in Bayern Knödel. Die Schwaben sind da etwas weniger traditionsbewußt. Ihre Semmelknödel sind immer beliebt. Verzeihung! Das Wort Semmel kennt der Schwabe nicht – von Grenzgebieten zu Bayern abgesehen. Für ihn sind Semmeln Wecken, also sind dies hier Weckknödel. Doch neugierig sind sie auch, die Schwaben, und sie wollen wissen, wie die Kunigunde auf den Knödel kam. Das war so: Kunigunde, die sich ausgezeichnet aufs Knödelkochen verstand, soll einem dieser runden Leckerbissen eine ihrer goldblonden Locken beigegeben haben. Dadurch gewann sie den Landgrafen, denn der erste Knödel gehörte ihm, und darin waren die Locken. Ob dem Landgrafen die Klöße, also die Knödel, gemundet haben, ist uns nicht überliefert.

10 alte Wecken, Salz,
1/2 Liter lauwarme Milch,
1 kleine feingeschnittene Zwiebel,
20 g Fett, Petersilie,
2 bis 3 Eier, Salzwasser zum Kochen

Die Wecken in feine Scheiben schneiden, mit Salz überstreuen, mit heißer Milch übergießen, zudecken und ziehen lassen. Dann die fein geschnittene Zwiebel in Fett andünsten. Den Teig mit der Zwiebel, der Petersilie und den Eiern verarbeiten. Sollte er zu weich sein, etwas Mehl oder Semmelbrösel hinzugeben. Die Knödel formen und in kochendes Wasser legen. Etwa 20 Minuten ziehen lassen.

Schwarzer Wurstsalat

Das Vesper ist eine ausgeprägte schwäbische Spezialität. Und daß man anderswo mit diesem Begriff nicht so recht etwas anzufangen weiß, zeigt die kleine Episode, als ein Norddeutscher diese Zwischenmahlzeit des Schwaben als die Vesper bezeichnete. Also – das Vesper ist eines jener Dinge, die dem Schwaben heilig sind. Noch um die Jahrhundertwende gab es ausgesprochene Vesperstuben, in denen die kleine Vesperkarte oft mehr bot als manche Menükarte heutiger Gasthöfe. So finden wir zum Beispiel auf einer Karte aus dem Jahre 1912 unter anderem: Ochsenfleisch mit Beilagen – Gulasch vom Kalb – Schnitzel – Beefsteak – Kalbskopf en tortue – Kalbshirn gebacken – Kalbsfuß in Soße – Kalbsleber gedämpft oder sauer – Drei saure Eier – Saitenwürste mit Meerrettich – Pastetchen. Da das Zeitalter der Industrialisierung auch dem Schwaben seinen Einfluß aufzwang, sank die Bedeutung des früher opulenten morgendlichen Vespers auf ein oder zwei Wecken, am Arbeitsplatz eingenommen, zurück. Und das früher ebenfalls übliche nachmittägliche Vesper wird mehr und mehr zum Abendessen des Schwaben. Eines der klassischen Vesperrezepte ist der Salat aus schwarzer Wurst.

600 g harte schwarze Wurst mit der Haut in dünne Scheiben geschnitten, Salz, weißer Pfeffer, 1 Prise Zucker, 6 Eßlöffel Zwiebelwürfel, 5 Eßlöffel Apfelessig, 4 Eßlöffel Wasser, 5 Eßlöffel Öl

Alle Zutaten mischen und den Salat in einer Schüssel, ausgelegt mit Kopfsalat, anrichten.

Zimtsterne

(60 Stück)

In der Neckarzeitung vom 17. Dezember 1910 schreibt ein norddeutscher Besucher Stuttgarts über die schwäbischen Gutsle begeistert: „Weihnachtsgebäck wird ja auch in den übrigen deutschen Ländern hergestellt, und manches von ihnen hat darin seine Spezialitäten. Ob aber irgendwo in solchen Massen Weihnachtsbäckereien am häuslichen Herd produziert werden wie im Schwabenland, das muß füglich bezweifelt werden. Der Schwäbin sind die Weihnachtsgutsle schlichtweg eine Ehrensache. Schon zu Beginn des Christmonats kann man holde Küchenfeen über die Straßen huschen sehen, vor sich stolz ein Backblech her balancierend, auf das die Hausfrau sauber in Reih und Glied die Meisterwerke ihres kulinarischen Kompositionstalentes niedergelegt hat . . . "

7—8 Eiweiß, 625 g Puderzucker, Saft und geriebene Schale von 1 Zitrone, 15—20 g Zimt, 500 g ungeschälte, geriebene Mandeln.
Zum Auswellen: Sandzucker, Backwachs

Die Eiweiß zu steifem Schnee schlagen, mit dem Puderzucker, Saft und Schale der Zitrone so dick rühren, daß die Masse nicht mehr vom Löffel läuft. Davon eine große Tasse voll zum Guß beiseite stellen. Unter die übrige Schaummasse den Zimt und die Mandeln mischen, dann kleine Portionen auf Zucker fingerdick auswellen (dabei das Anhängen der Teigmasse auf dem Backbrett durch Hinundherschieben verhindern). Dann Sterne ausstechen, auf ein gefettetes oder mit Wachs bestrichenes Backblech setzen, ein wenig trocknen lassen, mit dem zurückbehaltenen Guß überziehen und bei schwacher Hitze so lange backen, bis der Guß hellgelb ist.

Schwäbischer Zwiebelkuchen

Wie so viele Gemüsearten kannten die Chinesen die Zwiebel schon sehr früh. Über Babylonien gelangte sie zu den Griechen und Römern, die sie im 1. Jahrhundert n. Chr. nach Germanien brachten. Hier fand die Zwiebel aber erst seit Ende des Mittelalters größere Verbreitung, denn auf den Ritterburgen galt es als unfein, sie zu essen – sie roch für den damaligen Geschmack einfach zu stark.
Ganz anders heute. Die Zwiebel dient für viele Gerichte als schmackhafte Beigabe. Für das folgende Rezept ist sie sogar unverzichtbare Grundlage. Zwar ist der Zwiebelkuchen auch eine elsässische Spezialität, doch verstehen sich die Schwaben ebenso gut darauf.

Für den Hefeteig: 500 g Mehl, 2 Eier, 100 g Butter, 1 Prise Salz, 1/8 Liter Milch, 30 g Hefe.
Für die Füllung: 2 kg Zwiebeln, 50 g Speckwürfel, 1/4 Liter saure Sahne, 4 Eier, 40 g Mehl, je 1 Prise Kümmel und Salz

Die Zutaten für den Hefeteig miteinander verrühren und an warmer Stelle ca. 30 Minuten gehen lassen. Die Zwiebeln in Scheiben schneiden und mit Fett weichdünsten, ohne daß sie Farbe annehmen. Nun die Speckwürfel kurz anbraten und mit der sauren Sahne, den Eiern, Mehl, Kümmel und Salz verrühren und das Ganze mit den Zwiebeln vermengen. Den Hefeteig ausrollen und ihn auf ein gebuttertes Kuchenblech legen. Nun die Füllmasse gleichmäßig über den Teig verteilen und im Backofen bei 220° ca. 1 Stunde goldgelb backen.

Ohne die bereitwillige Unterstützung durch Bibliotheken und Museen, ohne die wertvollen Tips schwäbischer Gastronomen und ohne den begeisterten Einsatz unserer Fotografen, Lithografen, Drucker und Buchbinder hätte das vorliegende Buch in dieser Gestaltung nicht entstehen können. Unser besonderer Dank gebührt daher

den Küchenmeistern

Herrn Max Benzing, Hotel-Restaurant Alte Sonne, Ludwigsburg

Herren Wilhelm und Albert Bofinger, Hotel Sonne-Post, Murrhardt

Herrn Heinrich Götz, Restaurant Ratskeller, Heilbronn

Herrn Rudolf Heer, Hotel Hohenstaufen, Göppingen

Herrn Friedrich Nagel, Gasthof Zum Löwen, Stuttgart-Mühlhausen

Herrn Rolf Schlegel, Gasthof Zum Ochsen, Stetten/Remstal

Herrn Dieter Wägerle, Gasthof Zum Stumpenhof, Plochingen/Neckar

Familie Schmauder vom Gasthaus Zum Ochsen in Untersteinbach

den Konditoreien und Bäckereien Tröglen in Ulm und Nast in Stuttgart

dem Deutschen Brotmuseum in Ulm

dem Bauernmuseum in Schönenberg bei Schwäbisch Hall

den Städtischen Sammlungen in Tübingen

Die Rezepte nach Gruppen

Soweit in den Rezepten nichts anderes vermerkt ist, sind die Zutaten für vier Personen berechnet.

Vesper und Vorspeisen

Suppen und Eintopfgerichte

Gemüse- und Kartoffelgerichte

Fischgerichte

Fleischgerichte

Wild und Geflügel

Mehlspeisen

Zum Nachtisch

Gutsle und anderes Kleingebäck

Kuchen

Die Rezepte alphabetisch

Bildquellen

Die Fotos auf den Seiten 2, 25 und 48 bis 196 wurden exklusiv für dieses Buch von Studio Döbbelin, Schwäbisch Gmünd, aufgenommen. Die übrigen Bilder stammen von folgenden Fotografen und sonstigen Quellen:

Erhard Hehl: 27 (2), 29, 32/33, 35, 36/37 (9), 42/43 (6)
Franz Lazi: 18/19
Peter Mueck: 10, 11, 38/39 (6), 44/45 (4)
Toni Schneiders: 30/31
Städtische Sammlungen Tübingen Nr. 2195/ Claus Göhner: 15
Universitätsbibliothek Basel: 13
Verlagsarchiv: 8/9, 22/23

In unserer Kochbuchreihe

Kulinarische Streifzüge

sind in gleicher Ausstattung
bereits erschienen
die Bände

Baden Friesland
Franken Bayern
Hessen Pfalz
Rheinland Westfalen
Niedersachsen
Schweiz Österreich
Elsaß

Die Reihe wird fortgesetzt

sigloch edition